Conny Ruß

Ferien in fernen Galaxien

Bestell-Nr.: RKW 5028

Lektorat, Satz und Gestaltung: RKW / J. Dörr
Korrektorat: Inge Frantzen

Druck und Verarbeitung:
Drukarnia Dimograf, Bielsko-Biała, Polen

ISBN 978-3-86338-028-1

www.kawohl.de

Conny Ruß

FERIEN IN FERNEN GALAXIEN

Mit Illustrationen
von
Joy Katzmarzik

kawohl

Kapitel 1

AB IN DEN URLAUB

„Ferieeeeeen!"

Mit diesem Jubelschrei sprang Tim über die niedrige Gartenpforte.

Die Haustür war nur angelehnt. Er pfefferte seine Schultasche, gefüllt mit einer leeren Brotdose und seinem Zeugnis, in sein Zimmer. Die würde er sicherlich die nächsten sechs Wochen nicht anfassen!

Er strich kurz über den bereits gepackten Koffer, der neben seinem Bett stand. Mit großen Schritten hüpfte er dann in Richtung Küche. Dort hatte er schon die Stimmen der Eltern gehört.

„Wann fahren wir los zum Flughafen?", rief Tim schon im Flur.

Er stieß die Küchentür auf und sah in die ernsten Gesichter seiner Eltern.

„Hey, was ist los?", fragte er verwundert. „Ich hatte mir doch Pfannkuchen zum Essen gewünscht, es duftet noch gar nicht."

Tim stutzte. „Ist was nicht in Ordnung? Papa, was machst du denn schon hier? Wolltest du nicht erst heute Nachmittag ...?"

„Komm mal zu mir, Tim", sagte Mama ernst. „Wir müssen dir etwas erzählen." Tim wurde weich in den Knien. Wenn Mama schon so anfing, bedeutete das nichts Gutes. War vielleicht sein Kater Mo überfahren worden? Hatte jemand sein Fahrrad geklaut?

Papa legte Tim die Hand auf die Schulter und sah ihn ernst an.

Tim schluckte. „Du musst jetzt tapfer sein, Tim. Wir werden

übermorgen nicht in den geplanten Urlaub fahren." Tim wurde schwindelig. „Was?"

Ungläubig schaute er zwischen den Eltern hin und her. Sollte das ein schlechter Witz sein? Seit Monaten freuten sie sich auf diesen ganz besonderen Urlaub. Papa hatte einen Geschäftstermin in Amerika. Mama und Tim durften mitfahren und im gleichen Hotel wohnen. Anschließend wollten sie zwei Wochen eine Wohnmobiltour machen. Zum Gränd Känjin oder so, wo Berglöwen in den tiefen Schluchten leben. An den heißesten Ort der Welt, nach Däff Walley, weiter in den Jusammiti Park, wo es echt und ohne Spaß Braunbären gibt. Das beste Ziel sollte Santa Barbara sein. Dort wollten sie Delfine beobachten – Tims Lieblingstiere. Seit einem Jahr freuten sie sich alle darauf.

Tränen schossen Tim in die Augen. Mit zitternder Unterlippe brachte er nur ein Wort heraus: „Warum?"

Mama zog Tim zu sich heran. „Tante Gitti ist heute Morgen ein paar Stufen die Treppe hinuntergestürzt. Sie liegt im Krankenhaus. Onkel Günther kann sich nicht alleine zu Hause versorgen. Du weißt ja, er ist sehr verwirrt. Wie es aussieht, werden die beiden in ein Heim ziehen müssen, wenn es Tante Gitti besser geht. Das heißt, ich werde Onkel Günther betreuen und alles organisieren. Wenn Papa aus Amerika zurückkommt, räumen wir die Wohnung aus und helfen beim Umzug."

Wut stieg in Tim auf. Tränen kullerten über seine Wangen.

„Diese blöde Tante Gitti! Warum fällt die denn gerade jetzt hin? Die kann uns doch nicht den ganzen Urlaub verderben! Wieso muss sich denn Mama darum kümmern? Und Onkel Günther ist eh doof! Der weiß ja manchmal noch nicht mal mehr, wie er heißt."

„Tim!", sagte Papa streng und hob die Augenbrauen hoch.

„Ihr seid alle doof!"

Tim stürzte aus der Küche. Er rannte in sein Zimmer und ließ seine Zimmertür laut hinter sich zuknallen. Er riss vor Wut sein Delfinplakat von der Wand und zerfetzte es in kleine Schnipsel. Er trat mit voller Wucht gegen den gepackten Koffer. Daraufhin sah er Sternchen und sein Zeh tat fürchterlich weh. Heulend ließ Tim sich aufs Bett fallen.

Er zerwühlte die Kissen und schleuderte seine Kuscheltiere in die Ecken des Zimmers. Eines verfing sich in der Deckenlampe, die daraufhin schief hing.

So lag er eine ganze Weile, weinte und schimpfte vor sich hin. Kam denn keiner zum Trösten?

Als die Wut im Bauch etwas weniger wurde, war er nur noch traurig. Er schwor, die ganzen Ferien heulend im Bett zu bleiben und in den Hungerstreik zu treten.

Aus dem Hungerstreik wurde nichts, denn es duftete nach einer Weile verlockend nach knusprigen Pfannkuchen. Außerdem musste er dringend aufs Klo.

Nachdem Tim sich im Bad kaltes Wasser in die rotgeheulten Augen gespritzt hatte, ging er wortlos in die Küche. Mama stellte Apfelmus auf den Tisch, und dann aßen alle erst mal von den goldgelben Pfannkuchen und tranken eiskalten Kakao.

„Ich will nicht darüber reden", dachte Tim. Aber es sprach sowieso keiner. Mit jedem Bissen ging es Tim ein bisschen besser. Er schielte ab und zu verstohlen zu den Eltern und sah, dass auch Mama geweint hatte. Papa strich sich ab und zu übers Gesicht. Das machte er immer, wenn ihn etwas ärgerte oder bedrückte.

Als das letzte Apfelmus vom Teller geschleckt war, sahen sich alle an.

„So. und nun setzen wir uns aufs Sofa und reden miteinander", bestimmte Mama. „Jetzt sofort. Keine Widerrede!"

Tim dachte, er bekäme Ärger, weil er auf Tante Gitti und Onkel Günther geschimpft hatte, aber davon war nicht mehr die Rede. Papa holte tief Luft und erklärte: „Dass der Urlaub ausfallen muss, ist leider nicht zu ändern. Gitti und Günther brauchen unsere Unterstützung, denn sie haben sonst keine Verwandten, die helfen könnten. Mein Termin in Amerika findet statt, aber die Wohnmobilreise ist abgesagt. Tim, du bist zwar schon elf, aber du kannst unmöglich den ganzen Tag alleine im Hotel sein, wenn ich Besprechungen habe. Es wäre auch gemein, wenn wir die Reise zu zweit machen würden und Mama mit dem ganzen Kram hier alleine klarkommen muss. Sobald ich aus Amerika zurück bin, helfe ich ihr. Auch wenn es nur ein kleiner Trost ist, irgendwann holen wir den Urlaub nach. Mama wird noch heute Nachmittag zu Onkel Günther nach Heidelberg fahren."

Tim dachte an die enge Wohnung von Tante Gitti. Sie lag mitten in der Stadt in einem hässlichen Wohnblock an einer großen Straße. Dort roch es immer etwas seltsam. Alles war mit irgendwelchen Sachen zugestellt, die er nie anfassen durfte, weil etwas kaputtgehen könnte.

Onkel Günther sammelte alles, gerne auch vom Sperrmüll. Auch er roch seltsam und wurde in letzter Zeit immer komischer. Er verlief sich ständig und fand dann die Wohnung nicht mehr. Beim letzten Besuch hatte Onkel Günther immer „Mama" zu Tante Gitti gesagt.

Tante Gitti war recht klein, kleiner als Tim. Sie hatte struppige Locken und am Hals ein Muttermal, aus dem ein Haar wuchs. Ihre Lieblingsbeschäftigung war Schimpfen. Übers Wetter, über die Politik, über zu wenig Rente, zu wenig Besuch und so.

„Verwandtschaft kann man sich nicht aussuchen", sagte Papa

immer. Doch alle waren jedes Mal sehr froh, nach den kurzen Pflichtbesuchen wieder an die frische Luft zu können.

„Oh Schreck", dachte Tim. „Muss ich jetzt auch nach Heidelberg?"

„Keine Sorge", sagte Mama, bevor er den gruseligen Gedanken aussprechen konnte. „Ich habe mit deiner Patentante telefoniert. Sie hat eine tolle Idee, wo du die Woche verbringen kannst, bis Papa aus Amerika zurück ist. Sie muss noch ein paar Sachen klären, dann ruft sie uns an, ob es klappt."

Tim horchte auf. Seine Patentante Conny war eigentlich ganz nett. Sie kam nicht oft, aber sie bastelte ihm jedes Jahr tolle Adventskalender und auch zum Geburtstag bekam er immer ein Paket. Wenn sie zu Besuch kam, spielten sie gerne Wikingerschach. Inzwischen ließ sie ihn nicht mehr absichtlich gewinnen, sondern musste echt um jeden Punkt kämpfen. Ansonsten quatschte sie viel mit Mama, die sie seit dem Kindergarten kannte.

Schon mal erleichtert, dass der Urlaub nicht in einer muffigen Etagenwohnung mit einem verwirrten Onkel stattfinden sollte, wartete Tim neugierig auf den versprochenen Anruf.

Kapitel 2

Ein neuer Plan muss her

Tante Conny rief erst am Abend an. Mama war schon lange unterwegs Richtung Süddeutschland. Papa hatte mit seinen Kollegen alles geregelt. Er bekam tatsächlich bis zu seinem Abflug frei, so dass Tim nicht woanders schlafen musste. Endlich klingelte das Telefon.

Tante Conny sprach erst lange mit Papa, der sich einiges notierte, ab und zu verwundert den Kopf schüttelte oder mit den Augen rollte. Schließlich gab er den Hörer an Tim weiter.

Tante Conny kam direkt zur Sache:

„Hallo Tim! Hast du Lust auf eine Woche Zeltlager?"

„Zeltlager?"

„Ja, du und ich und noch etwa 200 andere Kinder."

„Wo denn, bei dir in Hannover?"

„Nee, in fernen Galaxien, auf einem anderen Planeten, auf Solaria!"

„Hä?"

„Die Königin Galaxia hat alle Solarier aufgerufen, sich zu sammeln und ..."

„Galaxia? Solarier?"

„Ja, wir werden alle Außerirdische sein", sagte Tante Conny ernst.

Tim schaute fragend zu seinem Vater, der nur mit den Schultern zuckte.

„Hast du Fieber, Tante Conny? Du redest schon so seltsam wie Onkel Günther."

Ein Kichern drang durch den Hörer. Dann erklärte Tante Conny, dass das Sola, also Sommerlager, ein ganz besonderes Zeltlager sei. Dort gebe es viel Spaß und Action, aber auch immer eine Geschichte, in der alle Teilnehmer mitspielten. Dieses Mal sollte es um Außerirdische gehen, die auf dem fernen Planeten Solaria lebten. Die Königin des Planeten Galaxia brauche Unterstützung, um einen wichtigen Auftrag zu erfüllen.

Conny werde in der Woche das Küchenteam unterstützen. Tim dürfe in einer der Kindergruppen, die in Stämme eingeteilt seien, dabei sein.

Klang cool. Tim war begeistert, bis ihm klar wurde, dass er sich dafür verkleiden sollte und eine Woche ohne die Eltern dort sein würde. Solange war er noch nie von zu Hause weg gewesen!

Die Kinder dort kannte er alle nicht. Einige kamen wohl aus der Kirche, zu der Tante Conny auch ging, und die von Papa immer lächelnd als „Die Frommen" bezeichnet wurden. Egal, alles besser als eine Woche Heidelberg!

Schon am Samstag sollte es losgehen. Am nächsten Tag zeigte ihm Papa eine lange Mail, in der beschrieben wurde, was alles gebraucht würde. Gemeinsam sammelten sie die verschiedenen Sachen ein. Der Schlafsack wurde gelüftet.

Sie kauften noch Batterien für die Taschenlampe. Sorgfältig beschriftete Papa einen Beutel mit Tims Namen und befüllte diesen mit Camping-Geschirr und Besteck. Die Badehose und die Sonnencreme wechselten den Platz vom schicken Reisetrolley in eine große Reisetasche. Isomatte, Handtücher, Wechselklamotten. Eine Bibel sollte sich Tim dort kaufen. Papa hatte zwar eine, aber die hatte so eine komische Schrift und war uralt.

Tim hatte nur die Bilderbibel, die Tante Conny ihm zur Taufe geschenkt hatte.

Zehn Euro Taschengeld, mehr war nicht erlaubt. Aber was sollte man auf einer großen Wiese schon kaufen können. Das Handy sollte zu Hause bleiben, Tablet und so auch. Voll blöde! Tim befürchtete ein wenig, sich zu langweilen. Nach einem Telefonat mit Mama und einer wilden Suchaktion fand Papa endlich auch Tims Impfpass.

Abends wurde es dann richtig peinlich. Es sollte noch eine Verkleidung her. Wie sahen bitteschön Außerirdische aus? Nach einigen blöden Ideen und gescheiterten Bastelversuchen mit Alufolie rief Papa Tante Conny an. Sie bekam den Auftrag, für Tim Bastelfee zu spielen.

Das hätte Papa sich auch sparen können. Tim wusste jetzt schon, dass er sich sicherlich nicht verkleiden würde. Dafür fühlte er sich schon zu groß.

Kapitel 3

DAS ABENTEUER BEGINNT

Zwei Tage später setzte Papa Tim in den ICE nach Hannover. Er bat einen Mitreisenden, Tim zu helfen, das Gepäck wieder aus dem Zug zu bekommen. Eine kurze Umarmung und Papa sprang hinaus auf den Bahnsteig, kurz bevor sich die Türen schlossen. Tim saß mit Herzklopfen auf seinem Platz. Er zerknüllte vor Aufregung beinahe seine Fahrkarte. Der Kontrolleur war sehr freundlich und behandelte ihn fast wie einen Erwachsenen.

Nach knapp zwei Stunden Fahrt war das Ziel erreicht. Tim war stolz, seine erste längere Zugfahrt alleine geschafft zu haben. Erleichtert sah er, dass Tante Conny schon am Bahnsteig stand. In Wanderklamotten mit einem großen Rucksack, auf den eine Isomatte und ein Schlafsack gebunden waren. Eine große Tüte baumelte an ihrem Arm. Beide stiegen in den Vorortzug und dann sollte das Abenteuer beginnen.

Tim hatte es sich gerade im Sitz gemütlich gemacht, da überreichte Tante Conny ihm feierlich die Tüte. Tim zupfte den Inhalt heraus. Zum Vorschein kam ein Umhang, den Tante Conny aus einer silbernen Erste-Hilfe-Folie gebastelt hatte. Dazu ein silberner Helm mit einem wabbeligen Glubschauge und einer Antenne darauf.

Ein Laserschwert war das einzig coole an der Ausrüstung. Tim ließ alles schnell wieder in der Tüte verschwinden. Peinlich! Hoffentlich hatte es keiner gesehen. Tim schaute zu den Sitznachbarn. Der junge Mann gegenüber war mit seinem Handy beschäftigt. Seine Freundin malte gerade mit einem Lippenstift in ihrem Gesicht herum. Glück gehabt!

„Ein T-Shirt bekommst du bei der Anmeldung“, sagte Tante Conny, als sie wenige Stationen später ausstiegen. Sie liefen ein paar Minuten und dann waren sie auch schon am Einstiegsplatz. Die versprochene Zeltstadt war nirgends zu entdecken. Den Tag über würden sie dorthin wandern. Boah! Wandern fand Tim immer öde.

Sie gingen an langen Reihen von parkenden Autos vorbei. Eltern und Kinder schleppten Isomatten, Taschen und Rucksäcke. Da gab es viel „Juhu“, wenn sich Familien erkannten, aber auch erste Kinder mit Tränen in den Augen.

Am Wegrand standen Klapptische. Dort war die Anmeldung. Tim gab seinen Umschlag mit Ausweis und Telefonnummern für den Notfall ab. Er sah das große Mädchen am Tisch verwundert an. Sie hatte ihr ganzes Gesicht silbern geschminkt und trug eine neongrüne Perücke.

Der Mann neben ihr sah aus wie ein Roboter. Sein Gehäuse bestand aus zusammengeklebten Toffifee-Packungen. Er hatte sich Zöpfe in seinen Vollbart geflochten. Eine Spiegelsonnenbrille saß auf seiner Nasenspitze. Dahinter zwei lachende Augen. Der Roboter drückte Tim ein kleines Heft und ein orangefarbenes T-Shirt in die Hand. „Hallo Tim, ich bin Erik. Ich bin dein Gruppenleiter. Das müsste deine Größe sein. Willkommen im Stamm Orange. Da drüben, neben dem blauen Trecker, bei der orangen Fahne sammeln wir uns. Sobald alle da sind, komme ich auch. Bis gleich.“ Tim war verdutzt, dass der Roboter seinen Namen kannte. Konnte der hellsehen? Ach Quatsch, der hatte auf seinen Ausweis gelinst. Klaro wusste er deshalb, wie er hieß.

Eine Hand tippte Tim auf die Schulter. Es war Tante Conny: „Na? Alles soweit klar Tim? Ich fahre schon mal die erste Treckerladung Gepäck zum Lagerplatz. Wir sehen uns heute Abend. Ach ja, hier deine Verkleidung.“ Und schon war sie verschwunden.

Kapitel 4

WAS DAS WOHL WIRD?

Tim atmete tief durch. Er ging so lässig er konnte mit klopfendem Herzen in Richtung Trecker. Im Schatten saßen schon ein paar Leute. Eine orangefarbene Flagge baumelte von einem tief hängenden Ast. Die anderen Mitarbeiter begrüßten ihn. Sie waren alle verkleidet. Tim setzte sich zu den anderen Kindern in den Schatten und zog verstohlen sein Kostüm aus der Tüte.

„Hui, voll krass! Was für ein ekliges Glupschauge! Cool!"

Tim sah hoch und schaute auf ein orangenes Shirt.

„Hallo, ich bin Paul. Ich bin auch im Stamm Orange. Blöde Farbe, aber coole Mitarbeiter. Erik und Lena kenne ich vom Kidstreff, die sind voll ok."

„Hi, ich bin ...", weiter kam Tim nicht.

Paul riss die Augen auf und wirbelte herum, als hätte ihn etwas gebissen. „Hey! Hallo Leni, altes Haus! Auch wieder dabei?" Er klopfte einem blonden Mädchen, das zu silbernen Mondstiefeln ebenfalls ein orangenes Shirt trug, kräftig auf den Rücken. Tim dachte, ihr würde gleich die Zahnspange rausfallen. Aber nur ihr glänzender Haarreifen mit Fühlern, an denen Tannenbaumkugeln funkelten, fiel ins Gras.

Leni hob ihn auf, stieß einen Kampfschrei aus, der in einem Lachanfall endete, und streckte Paul die Zunge raus. Dann flitzte sie zu einer Freundin, um deren Kostüm zu bewundern.

Tim beeilte sich nun, sein Shirt und den Umhang anzuziehen, denn zwischen den verrückten Gestalten hier würde er in normalen Klamotten nur auffallen.

Der Platz füllte sich nach und nach mit Außerirdischen. Tim zählte sieben weitere Stämme, die alle unterschiedliche Farben hatten. Schwarz hätte Tim als Stammesfarbe cooler gefunden, doch als er sah, dass es auch Türkis und Rosa gab, fand er Orange ganz okay.

Es dauerte eine Weile, bis alle Kinder eingetroffen waren. Sie hockten im Schatten und beäugten sich. Die Mitarbeiter begrüßten alle und mussten schon das erste Mädchen trösten, das lieber wieder nach Hause wollte.

Naja, die war auch erst neun. Die ältesten Mädels waren schon fast dreizehn. Tim schien mit seinen elf Jahren so im Mittelfeld zu liegen.

Durch ein Megafon kam die Ansage, dass sich alle Solarier nun sammeln sollten. Also verließen alle den kühlen Schatten und bildeten einen großen Halbkreis. Die Eltern stellten sich unauffällig hinter die Gruppen der Kinder und schauten nicht weniger neugierig als die Teilnehmer, was nun geschehen würde.

Ein Trommelwirbel, ein lautes Pfeifen. Eine Frau fuchtelte mit einem Mikrofon herum. Sie begrüßte alle und erklärte das Sommerlager für eröffnet. Es gab Applaus. Dann sprach sie weiter.

Während sie redete, stellte sich ein Mann neben sie. Er trug einen grauen Anzug, hatte gegelte Haare und abgewetzte Schuhe. Er wurde als Diener der Königin vorgestellt. Dann kam ein Mann in glänzender Uniform. Cool sah der aus. Er hatte ein mega Schwert umgebunden und eine Stimme, die ein bisschen klang wie die von Tims Zahnarzt. Ganz tief und streng. Leni, die neben Tim stand, fragte: „Ist das der König?" Aber es war nur der Captain.

Er schickte die Solarier auf die Reise zum Machtzentrum der Königin. Unterwegs sollten sie möglichst viele Schrauben sammeln. Die könnten dann am Ziel in Sollars getauscht werden.

Das sei die Währung, mit der auf Solaria bezahlt werde. In den Wäldern lauerten Gefahren. Alle sollten mutig sein und das erste Abenteuer bestehen. Unterwegs müssten Mutproben bestanden werden, doch zur Belohnung dürften alle abends die Königin sehen.

„Na, tolle Wurst“, dachte Tim. Er hätte auch sagen können: „Los, zum Zeltplatz, hier ist nichts los. Latscht euch die Füße platt, sammelt Altmetall, lasst euch nicht von Mücken auffressen. Die Mitarbeiter fahren gemütlich mit dem Trecker voraus. Aber wenn ihr heute Nacht in eurem Schlafsack pennen wollt, macht euch auf die Socken.“

Anscheinend war Tim der Einzige, der so dachte. Alle anderen schulterten flott ihre Wanderrucksäcke und sammelten sich um eine rätselhafte Landkarte, die die Route vorgab.

Kapitel 5

ANKUNFT AUF DEM PLATZ

Sechs Stunden später hatte Tim eine Blase am kleinen Zeh, ein bisschen Sonnenbrand auf der Nase, Erdbeereisflecken auf seinem Shirt, zwei neue Freunde und ein fettes Grinsen im Gesicht.

Das war die coolste Wanderung, die er je erlebt hatte. Obwohl es nur Waldstücke und Wiesen am Stadtrand waren, wusste man nie, was hinter der nächsten Ecke lauerte. Sie mussten sogar auf einem Floß, das aus leeren Wasserkanistern bestand, einen See überqueren. Erik stand gerade in Siegerpose auf dem wackelnden Ungetüm, als er schon kopfüber hineinflog.

Sie trafen ein „Mondkalb“: eine große Holzkuh, silbern angesprüht, die gemolken werden musste. Heraus kam eiskalte Cola, die alle mit langen Strohhalmen aus einem Eimer schlürften. Dann probierten sie aus, wer am lautesten rülpsen kann. Unglaublich, aber das kleine pummelige Mädchen, das anfangs wieder nach Hause wollte, rülpste gigantisch laut und lange. Das konnte selbst Erik nicht überbieten. Schon bei der Picknickpause, für die sie versteckte Lunchpakete fanden, ahnte Tim, dass dies eine tolle Zeit werden würde.

Ab und zu trafen sie andere Stämme, dann jagten sie einander. Die Blauen behaupteten, einem kleinen Roboter begegnet zu sein. Der würde quietschen und blubbern und ab und zu mit den Augen rollen. Er könne sein Visier rauf und runter klappen und sei etwas verbeult. Die Orangenen glaubten ihnen kein Wort. Und beim Wettspiel, in dem fliegende Untertassen geworfen werden mussten, eroberte Orange sämtliche Schrauben, die der blaue Stamm schon im Wald gefunden hatte.

Die letzten zwei Kilometer wurde es ruhiger in der Gruppe. Den ersten Kindern taten die Füße weh. Leni stapfte tapfer weiter in ihren silbernen Stiefeln. Sie behauptete, dass diese weder zu warm noch zu unbequem wären.

Endlich waren die ersten Häuser zu sehen. Kinder, die sich auskannten, jubelten, dass das Ziel fast erreicht sei. Sie hatten Recht. Nur wenige Minuten später waren sie da. Tim betrat staunend den großen Platz, der sich vor ihnen auftat.

Ein großes Festzelt wie beim Schützenfest war aufgebaut. Daneben ein Küchenzelt. In riesigen Töpfen wurde gerührt und es duftete lecker nach gebratenen Zwiebeln. Hinter weißen Planen waren Waschrinnen und Duschen. In einem umgebauten Container Toiletten. Es gab schwarze Jurten, wie Tim sie schon mal bei den Pfadfindern gesehen hatte, mit Feuerstelle in der Mitte. Drumherum waren weiße Zelte aufgebaut. Je ein Holzturm markierte die Eingänge zu den Stämmen. Orange lag dicht am großen Gemeinschaftszelt. Mitten auf dem Platz stand ein sehr hohes Gerüst. Höher als ein Haus. Es war komplett zugehängt und mit Bauzäunen umgeben. Schilder verboten das Betreten.

„Schade“, seufzte Erik, „ich dachte, sie würden noch fertig mit der Baustelle. Naja, nächste Woche ist ja auch noch eine Sola-Woche.“

„Waaas?“ Leni kreischte empört auf. „Die Bauten sind immer das Coolste! Und nächste Woche? Da sind wir doch schon wieder weg!“

„Unter den Planen kann ich schon die Wasserrutsche erkennen“, verkündete Paul, „vielleicht wird die ja noch fertig.“

Alle sammelten sich im Schatten des Holzturmes. Erik holte einen Zettel heraus, und sie besprachen die Zeltaufteilung.

„Yes!“, sagte Tim leise und freute sich wie Bolle, dass er mit Paul und Stammesleiter Erik in einem Zelt schlafen würde.

Die großen Mädels blieben auch zusammen, und Leni durfte nach etwas Herumgemaule mit all ihren Freundinnen in ein Zelt.

Sie richteten ihre Schlafplätze ein. Tim fand es in der hintersten Ecke am gemütlichsten. Dann schlenderte er neugierig über den Platz, um auf Erkundungsgang zu gehen. Dass diese Zeltstadt noch vor einer Woche eine Kuhweide gewesen war, konnte Tim kaum glauben.

Kapitel 6

Das große Trööt

Es tönte ein quäkendes Tröten. „Feueralarm?", Tim war fürchterlich erschrocken und sah sich um. Leni lachte: „Nee, das ist das Signal zum Essen. Los, schnapp dir deinen Geschirrbeutel. Auf ins große Zelt!"

Wie ein Schwarm Fliegen, die sich auf einen duftenden Kuhfladen stürzen, strömten alle Solarier zum Gemeinschaftszelt. Jeder hatte seinen Geschirrbeutel dabei. Alle fanden in ihren Stämmen einen Platz auf den Bierzelt-Bänken. Bald wurde Chili con Carne in großen schwarzen Töpfen mit roten Deckeln geholt. Tim mochte eigentlich keine Bohnen, aber dieser Eintopf war das Beste, was er je gegessen hatte. Er schaufelte drei Schüsseln voll in sich hinein, so ausgehungert war er von der Wanderung. Das Eis am Stiel zum Nachtisch war die Krönung des Ganzen. Boah, war das gut! Tim war pappsatt und wollte sich gemütlich zurücklehnen.

„Hey", lachte Paul, der ihn gerade noch abfing, ehe er die ganze Bank mit zu Boden gerissen hätte. „Bänke haben keine Lehnen." Er grinste übers ganze Gesicht. Aber es war kein Auslachen, sondern einfach ein breites Lächeln, das die Petersilie, die zwischen seinen Zähnen hing, zeigte. Tim wollte gerade etwas antworten, als das Licht im Zelt zu flackern begann und erlosch. Ein Grollen wie Donner. Blitze erhellten den Raum. Eine große Nebelfontäne zischte über die Bühne, die vorne im Zelt aufgebaut war. Alle reckten neugierig die Hälse, gespannt erwartend, was nun geschehen würde.

Der Nebel lichtete sich und alle konnten eine schillernde Gestalt sehen: Die Königin Galaxia! Sie war groß – sehr groß – und wunderschön. Eigentlich mochte Tim kein Glitzer, aber die Königin hatte ein Kleid an, das wie alle Sterne am Nachthimmel strahlte. Ihr weiter Umhang hatte einen riesigen Kragen, an dem Lichter aufblitzten. Sie hatte eine funkelnde Krone auf den silberweißen Haaren, feuerrote Lippen und stechend blaue Augen.

Unauffällig schob sich Tim ein wenig hinter Pauls Rücken. Diese Frau war irgendwie ein bisschen unheimlich. Paul stand selbst mit offenem Mund da und glotzte, dass ihm fast die Augen aus dem Kopf fielen. Auch die sonst vorlaute Leni war sprachlos. Im ganzen Zelt war es mucksmäuschenstill. Selbst die Erwachsenen hielten den Atem an. „Alles nur Spiel", sagte sich Tim. Er konnte die Augen nicht von der leuchtenden Gestalt lassen.

Da – ein Geräusch. War das etwa ein …? Es folgte ein Scheppern und ein kleiner Roboter purzelte herein. Er sah genauso aus, wie der Blaue Stamm ihn beschrieben hatte. Es gab ihn also wirklich. Wieder dieses Geräusch. Der Roboter klapperte mit dem Visier. „Tschuldigung, da ist das Chili dran schuld", kicherte er mit blecherner Stimme und rollte dabei mit den Augen. „Da hat Dotti.com wohl gepupst!"

Er verhedderte sich im Umhang der Königin und riss sie fast mit zu Boden. Der Captain fing sie gerade noch auf. Schnell versteckte sich der Roboter hinter dem herbeigeeilten Diener und stieß ihn dabei ebenfalls fast um. Der Diener lächelte und zog sein Jackett wieder gerade. Alle im Zelt fingen an zu lachen, dass der Holzboden wackelte. Rumms! Wieder ein Blitz und ein Donnerschlag, dass es im Magen grummelte. Stille.

„Wer wagt es?" Die Königin Galaxia schaute sich wütend um. Als sie zu sprechen begann, bekam Tim eine Gänsehaut. Es klang glockenhell und dann wieder, als ob Glas zerspringt. Der Captain kniete vor der Königin nieder. „Verzeiht, Herrscherin der Galaxien", bat er, „Dotti.com war etwas ungeschickt. Es wird nicht wieder vorkommen."

„Mein internes Netzwerkmodul hat vor Schreck fast ausgesetzt!", fauchte Galaxia ihn an. „Das ist unverantwortlich!" Sie hob ihren Arm. Tim sah einen fetten Armreifen an ihrem Handgelenk, der grell grün blinkte.

Dotti.com zupfte den Diener am Ärmel: „Ihr was-wie-wo-bitte? Internes Netzwerkdingsda?" Der Diener beugte sich zu Dotti.com herunter, der vorsichtshalber in Deckung blieb. „Wo bei dir ein Akku sitzt, ist bei Königin Galaxia ein internes Netzwerkmodul. Es speichert und steuert alles, was sie sagt, denkt und tut."

„Blechwech nochmal! Alles?", flüsterte der erschrockene Dotti.

„Ja, alles", raunte der Diener. „Dieses Netzwerkmodul ist ihr Machtzentrum. Wenn sie richtig wütend ist, blinkt es giftgrün."

Der kleine Roboter klapperte vor Angst und fragte: „Blinkt es jetzt?"

Der Diener schaute, aber konnte es wohl nicht richtig erkennen. „Ich glaube, ihre Wut ist schon wieder verraucht, Kleiner. Doch nun still, Galaxia will zu ihrem Volk sprechen."

„Okidoki, da hat Dotti aber Glück gehabt, Blechwech nochmal … nächstes Mal pupse ich auch ganz leise." Dotti.com brabbelte vor sich hin, bis der Diener ihm das Visier herunterklappte.

Kapitel 7

DER AUFTRAG

Königin Galaxia hob gebieterisch den Arm. Das blinkende Armband leuchtete in Regenbogenfarben. Alle verbeugten sich vor ihr. Tim schielte etwas nach rechts und links, aber als er sah, dass auch seine Betreuer sich verbeugten, tat er es ihnen nach. Sicher ist sicher, bloß nicht auffallen, womöglich den Zorn der Königin wecken.

Der Captain trat vor und befahl allen, sich zu setzen. Die Königin Galaxia ließ sich steif auf dem Thron nieder, den der Diener ihr hinstellte. Sie musterte den bunten Haufen Kinder, der sie anstarrte.

„Captain, berichtet den versammelten Solariern, weshalb ich alle hier zusammenrief."

Der Captain trat nervös von einem Fuß auf den anderen. „Welche Version der Geschichte darf ich erzählen?" Ein böser Blick der Königin traf ihn. Der Captain stand stramm: „Ach ja, Ihre Version, meine Königin! Selbstverständlich!"

„Liebe Solarier", begann er, „Königin Galaxia ist hocherfreut, dass ihr euch alle auf den weiten Weg gemacht habt." Er wurde unterbrochen.

Dotti.com kam aus seiner Deckung: „Papperlapapp – hoch erfreut. Wenn die Königin ruft, ist es Pflicht zu kommen, sonst …" weiter kam er nicht. Die Königin schlug ihm mit etwas, das wie ein Schraubenschlüssel aussah, gegen sein Blech, so dass er schnell sein Visier wieder herunterklappte. Er versteckte sich schnell hinter dem Diener.

Königin Galaxia erhob sich und sprach nun selbst:

„Untertanen. Ich verkünde euch hiermit, dass der rätselhafte Funkspruch, den wir abfangen konnten, entschlüsselt wurde. Was er enthielt, würde eure kleinen Hirne wahrscheinlich überfordern.

Nur so viel: In etwa fünf Tagen werde ich mit den Stärksten, Klügsten, Mutigsten und Schönsten von euch aufbrechen, um in die Weiten des Universums zu fliegen! Seid ihr bereit?"

Der Captain trat vor: „An dieser Stelle erwartet die Königin großen Jubel."

Alle jubelten, Tim wusste nicht so ganz, warum. Galaxia winkte nach einer Weile lächelnd ab. „Ab morgen beginnen die Prüfungen. Nur wer würdig ist, darf mich begleiten. Das Raumschiff, mit dem wir starten werden, ist kurz vor der Vollendung. Solange ist es streng geheim. Seid gewarnt, Solarier: Es steht unter Strafe, die Baustelle zu betreten oder auch nur einen Blick hinter die Planen zu werfen. Seid ihr bereit, mir zu dienen?"

Tim hatte zwar wieder nicht so ganz verstanden, worum es ging, doch als alle in Jubel ausbrachen, johlte er lautstark mit.

Die Königin verließ mit wehendem Umhang das Zelt. Ihr Gefolge hatte Mühe, hinterherzukommen.

Die Beleuchtung wurde wieder angeschaltet. Es kamen ein paar Ansagen zum Geschirrspülen und zu Treffen in den Stämmen. Tim hängte sich an Leni und Paul, die zielsicher zu einem Platz neben dem Küchenzelt gingen. Dort standen mit Spüli-Wasser gefüllte Plastikschüsseln. Jeder spülte sein Geschirr selbst. Leni plapperte die ganze Zeit, dass sie zu Hause eine Spülmaschine hätten, die unter hygienischeren Umständen Geschirr reinige.

Tim war es egal. Er war todmüde. Fast wäre er zum falschen Stamm abgebogen. Hatte er gedacht, dass Zähneputzen nicht so genau genommen würde auf Solaria, hatte er sich geirrt. Alle trabten zu den Waschrinnen. Das Wasser war eiskalt. Naja, wenigstens reichte Katzenwäsche. Wolken von Mücken surrten um die Beleuchtung im Waschbereich. Dann schnell in den Schlafsack. Oder besser auf den Schlafsack, denn der Abend war noch sehr warm. Es war noch gar nicht richtig dunkel. Die Geschichte, die sein Betreuer erzählte, bekam er nicht mehr mit. Ruckzuck war er eingeschlafen.

Kapitel 8

DER ERSTE TAG

„Hey, du Schlafmütze! Aufgewacht!" Tim blinzelte und wusste erst gar nicht, wo er war. Da flog ihm schon ein Kissen ins Gesicht. Es folgte ein Kuscheltier und ein zerknülltes T-Shirt. Er wollte sich aus dem Schlafsack pulen, da sprang schon Paul auf seinen Bauch. Seine Haare standen wild in alle Richtungen ab.

„Kitzel-Alarm!" Blitzschnell drehte sich Tim zur Seite und rollte sich wie eine Raupe zusammen. Der verdutzte Paul rutschte vom Schlafsack. Er fiel auf einen anderen Jungen, der kurz ein Grunzen von sich gab und sich wegdrehte.

Ein Ratsch, und der Reißverschluss des Eingangs ging auf. Erik steckte den Kopf ins Zelt. Er war schon komplett angezogen. „Aufgestanden, Solarier! Frühsport ist angesagt." Tim setzte sich eilig seinen Helm auf. Die anderen Jungs lachten. „Den brauchst du erst einmal nicht, orangenes Shirt reicht."

Erik scheuchte sie alle dreimal um das Baugerüst. Nach der ersten Runde bog Tim zum Toilettenwagen ab. Als er völlig aus der Puste als Letzter in seinem Stamm ankam, merkte er, dass die Mädchen nicht mitgelaufen waren. Sie trödelten schnatternd mit ihren Zahnbürsten zum Waschbereich. Faule Socken!

In seinem Zelt wurde schon aufgeräumt. Schlafsäcke zusammengerollt, Klamotten in die Taschen gestopft. Das Kuscheltier, das Tim vorhin traf, gehörte tatsächlich dem ältesten Jungen im Zelt. Der setzte den kuscheligen Teddy sorgfältig auf sein Kopfkissen. Schien ihm gar nicht peinlich zu sein.

Tim blätterte ein wenig in dem Heft, das alle bei der Anmeldung bekommen hatten. Willkommen, Lagerregeln, Erste Hilfe

… Ein Punkt hieß „Stille Zeit“. Auweia, das war bestimmt so etwas wie Mittagspause. Aber gleich nach der Praise Time, was auch immer das war? Um viertel nach neun? Und dann um halb zwei schon wieder Mittagsruhe? Klang ja wie im Altersheim. Ein Punkt war echt cool: Erst abends um halb elf Nachtruhe. Zu Hause musste er immer schon um neun ins Bett.

„Trööööt!“ Tim musste nicht ins Heft schauen. Das konnte nur das Signal zum Frühstück sein. Sehr gut! Auf in den Tag.

Tim kam als einer der Letzten im großen Zelt an, denn er musste nochmal umkehren. Er hatte seinen Geschirrbeutel vergessen. Dieser baumelte einsam an der gespannten Wäscheleine zwischen den Zelten. Manno, es gab aber auch so vieles, an das man denken musste. Paul hatte ihm einen Platz freigehalten. Glück gehabt.

Ein Tischlied, bei dem donnernd auf die Tische getrommelt wurde, dass die Müslischüsseln wackelten, gab den Startschuss. Bald hörte man nur noch Klappern von Löffeln und das Scharren der Schuhe auf dem Holzboden des Zeltes. Ein Junge verließ den Tisch, als er satt war. Er wurde freundlich aber bestimmt zurückgerufen. Hätte Tim auch passieren können. Nach dem Frühstück wurden die Ämter verteilt. Orange sollte heute Tischdienst machen. Das hieß, nach dem Essen Tische abwischen und fegen. Wieder wusch jeder sein Geschirr selbst ab.

„Trööööt!“ Praise Time. Im Zelt waren die Tische zur Seite gerückt, und dicht gedrängt standen die Bänke zur Bühne ausgerichtet. Stammesweise quetschten sich alle zusammen. Schon vorher war Schlagzeug und Gesang zu hören. Tims Familie war eigentlich nur Weihnachten in einer Kirche. Er hätte, seiner Erfahrung nach, andere Lieder erwartet. Okay, es wäre wohl etwas aufwändig gewesen, eine Kirchenorgel hier auf die Wiese zu schleppen. Orgel gab es also keine. Aber der „Ersatz“ war genial.

Nach einer kurzen Begrüßung kamen Keyboard, E-Bass, Gitarren und Schlagzeug zum Einsatz. „Meine Hände fliegen, meine Knie wiegen …"

Leni sprang sofort auf. Bald hüpften einzelne Kinder und machten wilde Bewegungen. Tim hielt sich krampfhaft an seinem Liederbuch fest und versuchte, den Text zu lesen. Die Bank, auf der er saß, schaukelte gefährlich. Dann sollte rhythmisch geklatscht werden. Seufzend gab Tim die Leseversuche auf und versuchte, im richtigen Moment mitzuklatschen. Gar nicht so leicht. „Du gibst mir Freude in mein Leben …"

Yeah, das Lied war echt gut! Es folgten noch fünf weitere Lieder. Tim summte etwas mit und wunderte sich ein bisschen, dass der Mann, der hüpfend Gitarre spielte und sang, immer noch weiter machte. Er hatte sich als Frieder vorgestellt. Schon nach dem ersten Lied war er klatschnass geschwitzt. Auch das Handtuch, das um seinen Hals hing, konnte das nicht aufhalten.

Frieder brauchte bestimmt eine stille Zeit nach dem Auftritt. Doch Tim sah ihn später fröhlich pfeifend die wenigen Stoppeln, die auf seinem Kopf waren, abrubbeln. Dann stieg er auf einen Trecker und fuhr pfeifend davon.

Kapitel 9

TIM BLAMIERT SICH

Die Kinder schlenderten nach dem gemeinsamen Singen zu ihren Zelten, denn dort sollte das Programm weitergehen. Erik versammelte seinen Stamm um sich.

„So", meinte er, „jetzt haben wir alle Stille Zeit. Die Mädels gehen mit Lena. Die Jungs bleiben bei mir. Da es in den Zelten schon zu warm ist, schlage ich vor, dass wir Jungs uns auf den Wachturm setzen." Lena lotste die Mädels in den Schatten der Jurte.

„Ihr braucht eure Bibel und das Heft. Wir treffen uns in zwei Minuten."

Tim bekam einen Schweißausbruch. „Bibel! Mist, er sollte sich doch gestern eine kaufen. Ach, egal." Er hatte ein „Drei Fragezeichen"- Buch mit. Wenn er die Hülle abnahm, sah es fast so aus wie die Bücher, die sich die anderen Jungs aus ihren Taschen schnappten.

Sie kletterten auf den Holzturm, der am Stammeseingang stand. Auf vier Pfeilern war eine Plattform mit Geländer errichtet worden. Von dort aus konnte man super den ganzen Platz überblicken. Es war ein bisschen eng für alle. Tim saß eingequetscht zwischen Paul und Erik. „Wir werden erst mal still und kommen hier an", sagte Erik und schloss die Augen. „Noch besser", dachte Tim, „wenn beim Stillsein alle die Augen zu haben, fällt garantiert nicht auf, dass ich keine Bibel dabeihabe." Er lehnte sich genüsslich zurück und atmete tief durch.

„So starten wir!" Eriks Stimme schreckte Tim hoch.

„Ich will zuerst mit meinem Papa im Himmel reden", fuhr Erik fort.

„Wie traurig", dachte Tim. „Woran der Papa wohl gestorben ist, wenn er schon im Himmel ist?" Doch was Erik sagte, klang recht fröhlich. Er dankte seinem Papa für schönes Wetter und tolle Kinder in seinem Stamm, und bat ihn, dass sie ein super Team werden würden.

Naja, toll, worum sich Eriks Papa so alles kümmern sollte, obwohl er nicht mehr lebte.

Als kurze Vorstellung sollten sie nun erzählen, aus welcher Gemeinde sie jeweils kämen. Ausgerechnet Tim sollte anfangen.

„Oh Mist, jetzt wird es peinlich!", dachte er. „Wieso fragte Erik das? Wen interessiert sowas?"

Schon bei der Anmeldung musste Tim das angeben. Das Mädchen hinter dem Tisch hatte es gelesen, aber nur leicht die Mundwinkel nach oben gezogen und nichts gesagt. So cool wie möglich sagte Tim: „Wetter."

Ein Junge lachte. „Nicht übers Wetter reden, das sehen wir selbst. Aus welcher Gemeinde kommst du?"

„Gemeinde Wetter, Ortsteil Warzenbach", stammelte Tim und wurde rot.

Schallendes Gelächter, das nach einem strengen Blick von Erik verstummte. „Sehr witzig, Tim", sagte Erik und zog eine Augenbraue hoch. „Machen wir weiter in der Runde."

Tim verschränkte die Arme, zog die Knie an und legte ärgerlich seinen Kopf darauf. Was konnte er denn bitteschön dafür, dass der Ort so einen blöden Namen hatte? Die Leute dort waren echt okay. Das alte Haus, in dem seine Familie seit drei Jahren wohnte, hatte viel Platz zum Spielen und einen riesigen Garten. Auf die Kameraden aus der Kinderfeuerwehr konnte er sich immer verlassen.

Die Gemeinden der anderen hatten auch komische Namen: Methos, Liebenzeller, Brüdergemeinde, Baptisten, EFG'ler, Evangelisch …

Tim stutzte: „Hä? Evangelisch? So heißt doch kein Ort, sondern höchstens 'ne Kirche", dachte er und hob den Kopf. Erik stupste ihn an. „Magst du uns jetzt sagen, zu welcher Kirche du gehst?", fragte er. Tim murmelte: „Also, in Warzenbach gibt es eine evangelische Kirche. Da gehen aber nur Omas hin. Glaub ich wenigstens. Wir sind immer nur an Weihnachten da."

„Okay", Erik wechselte das Thema. „Kommen wir zur Geschichte von heute. Schlagt bitte Lukas 5 auf. Die Verse 1 bis 11. Wir lesen reihum. „Hä?", Tim verstand nur Bahnhof.

Alle blätterten in ihren Bibeln. Tim in seinem Drei-Fragezeichen-Buch. „Gleich werden alle merken, dass ich gar keine Bibel habe", dachte Tim beklommen. Da schob Erik ihm seine aufgeschlagene Bibel auf den Schoß. Sein Zeigefinger deutete auf die Mitte der Seite. Erik zwinkerte Tim zu und nahm, ohne eine Miene zu verziehen, dessen Buch und schaute hinein. Diesmal begann die Runde andersherum. Da die Gruppe recht groß war, kam Tim gar nicht mehr mit Lesen dran. Mann, war er erleichtert!

Still wurde es in der kommenden halben Stunde nicht mehr. Sie sprachen über Petrus, den Mann aus der Geschichte. Das war schon eine schräge Sache. Petrus, ein total erfahrener Fischer, hatte keinen Fang gemacht. Jesus sagte ihm, dass er nochmal auf See fahren und die Netze auswerfen sollte. Wohl voll der unsinnige Plan, am hellen Tag. Doch Petrus hatte es gemacht. Obwohl er diesen Jesus gar nicht kannte, vertraute er ihm. Tja, und dann hat er voll den krassen Erfolg gehabt. Daraufhin wurden beide Freunde.

Tim beteiligte sich nicht an dem Gespräch. Der Name Petrus war ihm neu. Jesus hatte er schon mal gehört. Das war das

Baby von Weihnachten. Erik sprach am Schluss nochmal mit seinem Papa, dann kletterten sie wieder vom Wachturm, um die anderen zu treffen.

„Trööööt!“ Ämterzeit. Die Orangenen konnten schon spielen gehen, denn im großen Zelt war nichts mehr zu tun.

Tim erkundete mit zwei Jungs, die auch das erste Mal auf einem Zeltlager waren, das Gelände.

Schade, dass die große Baustelle, die die gesamte Mitte des Platzes einnahm, nicht fertig war. Aber auch so gab es genug zu entdecken.

Einen großen Pool, die Möglichkeit zum Bogenschießen und Quadfahren, einen Seilgarten und ein Karussell aus Holz, bei dem man richtig Tempo machen konnte. Neugierig schauten sie in den Werkstattwagen. Der Mann, der vorhin Gitarre spielte, Frieder, reparierte gerade etwas.

Er schickte die neugierigen Jungs, die die vielen Akkuschrauber, Sägen, Hämmer und anderes Werkzeug bestaunten, weiter: „Habt noch ein bisschen Geduld. Nach der Einführung in die Werkzeugregeln, dürft ihr auch sägen, hämmern und schrauben, wie es euch Spaß macht.“

Kapitel 10

DIE SOLARIER MÜSSEN SICH BEWEISEN

„Tröööt!" – „Alle Solarier ins große Zelt!"

Im Zelt waren schon wieder die Tische umgestellt. Der Captain stand auf der Bühne. Dotti.com, der kleine Roboter, stand an der Seite. Der Diener schraubte und polierte an ihm herum.

„Ach, Dotti.com. Hast du schon wieder eine Schraube locker?", sagte der Diener. „Sei nicht immer so vorlaut. Dann bekommst du nicht ständig eins auf den Deckel. Es wird immer schwieriger, dich auszubeulen."

Der Captain mischte sich ein: „Hey, Diener! Hast du nichts Besseres zu tun, als an diesem nutzlosen Roboter herumzuwerkeln?"

Ohne aufzusehen sagte der Diener: „Es ist alles für die Ankunft der Königin vorbereitet. Sämtliches Material liegt bereit. Da dachte ich, Dotti.com könnte etwas Hilfe gebrauchen, damit er nicht ganz so ramponiert aussieht."

„Ach", meinte der Captain herablassend, „so viel Energie für so einen nutzlosen Blechhaufen. Eigentlich ist er nur ein herumrollendes Ersatzteillager. Immer eine Schraube locker. Den braucht doch keiner."

„Mit Verlaub, Captain", erwiderte der Diener, „ich mag Dotti.com, weil er nicht perfekt ist! Er ist ein liebenswertes Original. Oh, die Königin kommt."

Der Captain stand stramm und rief: „Solarier, verneigt euch vor der mächtigen Herrscherin Galaxia."

Die Königin kam mit Donnerknall auf die Bühne. Im Tageslicht funkelte ihr Kleid nicht so toll, wie am Abend zuvor, aber sie war immer noch eine umwerfende Erscheinung.

Sie gab bekannt, dass alle Solarier heute geprüft würden. Sie habe Beobachter beauftragt, in jedem Stamm zu schauen, wer mutig, schlau und schön sei, denn nur diese sollten Platz in ihrem Reich haben.

Ein Blitz, ein Donnerschlag, und sie war wie vom Erdboden verschluckt.

Der Diener räumte ihren Thron zur Seite. Dotti.com verließ scheppernd das Zelt. Einzig der Captain blieb und erklärte Stationen, an denen sich die Solarier ausprobieren sollten.

Tim dachte sich, dass er unbedingt zu den Auserwählten der Königin gehören wollte. Er entschied sich dafür, Pfeil und Bogen zu schnitzen. Das würde Galaxia bestimmt gefallen.

Leni hatte sich ebenfalls fürs Bogenbauen entschieden. Tim ärgerte ein bisschen, dass sie geschickter als er mit dem Schnitzmesser umgehen konnte.

Leni schielte zu Tim herüber, legte ihr Schnitzmesser zur Seite und fragte: „Darf ich dir einen Tipp geben?"

Ein Tipp von einem Mädchen? Na klasse! Tim sah sich um, aber es schien keiner das verlockende Angebot mitbekommen zu haben. Tatsächlich, nachdem Leni ihm gezeigt hatte, wie er das Messer nur ein bisschen mehr anschrägen musste, kam er deutlich besser voran.

„Psst! Tim, komm mal rüber", Leni winkte mit dem Kopf und lotste ihn in die hintere Ecke des großen Zeltes. „Schau jetzt nicht genau hin, aber ist dir auch aufgefallen, dass die Mitarbeiter so komische kleine Knöpfe an ihren Shirts tragen? Ich glaube, das sind kleine Kameras."

„Meinst du, die überwachen uns?", fragte Tim erstaunt. Leni nickte bedeutungsvoll. „Naja, ob jemand schön ist, kann man ja sehen, aber wie kann Galaxia wissen, wer mutig und schlau ist?", meinte sie. „Vielleicht haben die auch Kameras in den Toilettenwagen. Dann können sie herausfinden, ob jemand dort in der Nase popelt oder im Stehen pinkelt."

Tim fragte erstaunt: „Können Mädchen das auch?"

Leni grinste: „Also ich schon! Im Stehen, im Liegen, sogar, wenn ich auf der Schaukel sitze."

Auf den ungläubigen Blick von Tim hin wurde Lenis Grinsen noch breiter. „Ich rede natürlich vom in der Nase bohren!"

„Braucht ihr Unterstützung?", fragte freundlich ein Mitarbeiter.

Sie sahen hoch und schauten genau auf einen schwarzen Knopf.

„Nö, geht schon. Danke", sagten Leni und Tim wie aus einem Mund und schnitzten eifrig weiter, bis das Tröööt zum Mittagessen rief.

Kapitel 11

GEFAHR IN DER MITTAGSZEIT

In der Mittagspause war – im Gegensatz zur Stillen Zeit – tatsächlich Ruhe angesagt. Alle sollten in ihren Stämmen bleiben. Die Mitarbeiter trafen sich im großen Zelt. Tim sah, wie Berge von Kuchen und Karaffen mit Saft hineingetragen wurden. „Nicht schlecht“, dachte er. Aber er war von der Reispfanne und der Quarkspeise, die es gegeben hatte, so satt, dass sich der Neid aushalten ließ.

Tim verkrümelte sich in den Schatten und blätterte in seinem Drei-Fragezeichen-Buch. Er war immer noch dankbar, dass Erik ihn nicht verraten hatte. Ihn wunderte, dass alle anderen tatsächlich eine eigene Bibel hatten, als sei das das Selbstverständlichste von der Welt.

Er bemerkte, wie sich immer wieder Einzelne vom Stamm wegschlichen. Die Kinder bogen nach rechts ab und verschwanden hinter dem Baugerüst. Wo gingen die nur hin? Der kürzere Weg zum Toilettenwagen wäre andersherum gewesen. Naja, egal. Tim würde sicher keine Regeln brechen. Er wollte Galaxia gefallen.

Nanu? Tim kniff die Augen zusammen. War da nicht eine Gestalt im Schatten des Baugerüstes? Er setzte sich auf. Die Sonne blendete, aber er war sich ganz sicher: Er hatte eine Bewegung gesehen.

Paul kam aus dem Zelt. „Psst, komm mal hier rüber“, flüsterte Tim. „Da ist jemand am Baugerüst.“ „Hä?“ Paul konnte nicht gleich orten, woher die Stimme kam. Da löste sich die Gestalt aus dem Schatten. Leni rannte wie vom Affen gebissen über den Platz und rief: „Eine Schlange! Eine Riesenschlange!" „Ruhe in der Mittagspause!", tönte es von irgendwo her.

Da hatte Leni auch schon Tim und Paul erreicht, die sie schnell in den schützenden Schatten zogen. Dafür, dass Leni gerade eine Schlange gesehen hatte, war sie erstaunlich cool. Sie hatte zwar zerzauste Haare, schwitzig rote Wangen und war völlig aus der Puste vom Rennen, aber sie baute sich sofort vor Paul auf.

Sie streckte beide Arme auseinander und sagte in ernstem Ton: „Ich hab ja schon viel gesehen, aber so 'ne lange Schlange noch nie. Unglaublich, der Schattenplatz reichte kaum aus, das Ende war in der prallen Sonne."

Paul nickte wissend. „Dann geh ich da wohl besser nicht hin."

„Nee, hat keinen Zweck, einfach zu lang."

Tim meinte: „Gut, dass dir nichts passiert ist. Bist du auf Abstand geblieben?"

„Ich? Nee!", meinte Leni, „dann wäre ich ja nie drangekommen. Ich habe mich hinten angestellt."

Tim schaute verwundert: „Was?"

Ein rothaariger Junge steckte den Kopf aus dem Zelt: „Vielleicht klärt ihr das Bübchen aus Pickelfluss mal auf, ist ja ein echter Neuling."

Paul wirbelte herum und bedachte ihn mit einem bösen Blick. Leni schoss wie eine Klapperschlange auf den Jungen zu, nahm ihn blitzschnell in den Schwitzkasten und zog kräftig an seinem Ohrläppchen, das sofort knallrot wurde.

„Hey, hör gut zu, du Oberschlaui!" Leni sprach überdeutlich: „Das heißt nicht Pickelfluss, sondern Warzenbach. Gehört zu Wetter und liegt in Hessen. Und Tim gehört zu uns Orangenen. Er ist mein Kumpel und Pauls Freund. Nimm dich besser in acht, sonst sieht dein anderes Ohrläppchen gleich auch wie 'ne Kirsche aus."

Sie ließ los, und der Junge zog sich schnell ins Zelt zurück. Er rief: „Mädchen in Jungs-Zelten sind verboten!"

Paul lachte: „Sag einfach Entschuldigung und wir vergessen die Sache."

Es kam ein Gebrummel aus dem Zelt. Hätte alles heißen können: Ich will keinen Stunk, oder: ich brauch 'nen Trunk, ich esse den Strunk, ich bring ihn um oder so.

„Nehmen wir mal an, das sollte Entschuldigung heißen", meinte Paul und klatschte Leni und den verdatterten Tim ab. „So, und nun zur Schlange."

Die hatte Tim schon fast wieder vergessen. „Ich weiß nicht, ob du den bunten Holzanhänger neben dem Küchenzelt bemerkt hast. Dort ist der Kiosk drin. Der öffnet immer in der Mittagspause. Da kann man voll die leckeren süßen Tüten kaufen. Maximal sieben Teile. Alle haben am Anfang noch Taschengeld. Manche können sich aber ewig nicht entscheiden, was sie wollen. Deshalb gibt's oft eine lange Schlange."

Leni ergänzte: „Ham se heute vergessen anzusagen, aber sowas spricht sich meist schnell rum. Vielleicht sollten wir unsere Freundschaft besiegeln und uns ein Teil aus meiner bunten Tüte teilen."

Leni zog gönnerhaft eine lange gelbe Kaubonbonschlange mit giftgrüner Füllung aus der verknüllten Papiertüte. Tim lief das Wasser im Mund zusammen.

„Auf unsere Freundschaft!", rief Paul und biss in die Mitte der Schlange. Tim und Leni schnappten sich die Enden. Sie zogen und zerrten an dem Kaubonbon, wie sich Hühner um einen Regenwurm stritten. Die Schlange zerriss in drei ungleich große Teile. Schnell stopfte sich jeder seinen Teil in den Mund und kaute genüsslich. Tim war stolz, dass er dazugehören durfte.

Kapitel 12

TIM ZEIGT, WAS ER KANN!

„Trööööt!"

Am Nachmittag gab es ein Geländespiel. Es mussten wieder silberne Schrauben gesammelt werden. Am besten gefiel Tim die Station am Pool. Dort mussten die Kinder tauchen, um an die Kostbarkeiten zu kommen. Das war Tims Spezialität! Er holte tief Luft und blieb so lange unter Wasser, dass ein Betreuer überlegte, hinterherzuspringen. Lachend und stolz tauchte Tim auf, streckte die Faust mit der Beute hoch und schüttelte seine nassen Haare, dass die Tropfen flogen. Er kletterte aus dem Pool und rannte zu dem Mitarbeiter, der das Spiel erklärt hatte. Er baute sich genau vor dem schwarzen Knopf, den dieser angeheftet hatte, auf, um laut und deutlich zu rufen:

„Achtzehn Schrauben! Jawohl, achtzehn! Das ist Rekord! Ich bin Tim aus dem Stamm Orange. Tim aus Warzenbach!"

Dann ließ er den verdutzten Mitarbeiter stehen, um sich wieder sein Shirt anzuziehen. Der Tag verging wie im Flug. Schon war Abendessenszeit. Diesmal kannte Tim die Regeln und vergaß auch den Geschirrbeutel nicht.

Nach dem Abwasch trafen sie sich wieder zum Singen. Die coole Band brachte ordentlich Stimmung in die Hütte. Anschließend wurden in den Stämmen die Lagerfeuer angezündet, um den Abend zu beenden.

Alle hockten auf den Bänken und schauten ins Feuer. Es durften noch Marshmallows gegrillt werden. Tim schaute zu dem Jungen, der ihn am Nachmittag ausgelacht hatte, hinüber, doch der schaute immer weg.

Erik holte seine Bibel hervor. Er sagte, er wolle noch einen Vers lesen, was er dann auch tat. Tim merkte sofort, dass der Vers sich nicht reimte, fand ihn aber trotzdem gut: „Lasst die Sonne nicht über eurem Zorn untergehen."

Noch war es hell, aber gleich war Zeit zum Zähneputzen und dann Nachtruhe. Gab es Zorn, der noch weg sollte, bevor die Sonne unterging? Tim schaute in die Flammen des Lagerfeuers, die langsam kleiner wurden.

Er musste an Tante Gitti denken. Tim war so zornig gewesen, dass sie der Familie den Urlaub versaut hatte. Nun saß er hier am Lagerfeuer und hatte schon zwei neue Freunde gefunden. „Sie kann mich zwar nicht hören, aber ich sag es trotzdem", dachte Tim: „Entschuldigung, Tante Gitti, dass ich so wütend auf dich war. Danke, dass du die Treppe runtergefallen bist. Klingt vielleicht gemein, aber sonst wäre ich nicht hier."

Später beim Zähneputzen stand der Junge, der ihn verspottet hatte, an der Waschrinne Tim gegenüber. Beide taten sehr beschäftigt. Beide hatten Zahnpastaschaum vor dem Mund und schauten zu, wie die Spucke sich im Becken verteilte.

Als sie ausgespült hatten, griffen sie gleichzeitig zum Wasserhahn. Tim zuckte zurück. Der Junge drehte den Hahn zu und sah Tim dann direkt ins Gesicht. Tim schluckte, als er merkte, dass sie ganz alleine waren, weil sie so getrödelt hatten. Er musste an dem Jungen vorbei, wenn er zum Ausgang wollte. Er saß in der Falle. Was dann kam, überraschte Tim.

„Entschuldigung für heute Mittag. Wollen wir Freunde sein? Ich bin Hans. Hans aus Hanstorf." Hans streckte ihm seine Zahnbürste entgegen.

„Das soll das Schwert entscheiden!", meinte Tim erleichtert. Sie duellierten sich mit den Zahnbürsten, spritzten sich lachend die Zahnpastareste ins Gesicht und jagten um die Waschrinne.

„Trööööt!" Das Signal zur Nachtruhe. Hans und Tim schlichen zu den Zelten, flüsterten „Gute Nacht" und wussten, sie hatten einen Freund gefunden.

Kapitel 13

Böses Erwachen

Tim wurde von einem lauten Knall geweckt. Hatte er schlecht geträumt? Aber nein, die anderen Jungs waren auch in ihren Schlafsäcken hochgeschreckt. Ein orangenes, flackerndes Licht schien durch die Zeltwand.

„Alle raus aus den Zelten!“, rief jemand. „Feueralarm!“

Erschrocken krabbelten alle aus den Zelten und trauten ihren Augen kaum. Wieder ein Knall. Die ersten Kinder fingen an zu weinen. „Keiner verlässt den Stamm!“, brüllte Erik. Alle scharten sich erschrocken um ihn.

Da fuhr schon mit lautem Tatütata ein Löschfahrzeug der Feuerwehr auf den Platz. Scheinwerfer beleuchteten das Baugerüst, das in rotes und orangenes Licht getaucht war. Oben auf der höchsten Spitze loderten meterhohe Flammen auf. Tim rieb sich die Augen. Nee, nicht meterhoch, nur eine Feuerschale brannte, der Rest wurde von Neonröhren und Discoscheinwerfern beleuchtet. Eine Nebelmaschine ließ alles wie Rauch aussehen. Einzig der tiefblaue Sternenhimmel über ihnen war echt. Deshalb hatte die Feuerwehr wohl auch nur die Schläuche ausgerollt und noch keinen „Wasser marsch!“-Befehl gegeben.

„Boah ey!“, Leni japste nach Luft, „Ich hab fast 'nen Herzkasper bekommen! Ist das mega!“ Sie nahm das Mädchen, das zitternd neben ihr stand, in den Arm: „Das hier ist nichts für Weicheier, hab ich ja schon immer gesagt.“

„Seht mal, da ist jemand oben auf dem Gerüst!“ Die Kinder aus dem roten Stamm hatten es zuerst bemerkt. Da drang ein markerschütternder Wutschrei durch die Nacht.

Es war Galaxia. Sie gab keine Worte von sich, sondern schrie nur voller Hass. Als der Scheinwerfer des Löschzuges sie anstrahlte, konnten alle sehen, was geschehen war. Sie trampelte auf irgendetwas herum. Ihre Krone war verrutscht, der Lippenstift verschmiert. Ihr Umhang hatte Brandflecken, die Haare waren zerzaust. Der Reif, den sie am Arm trug, flackerte und qualmte. Der Captain kam über den Platz gelaufen und kletterte außen am Gerüst hoch zur Königin, die nach einem letzten wütenden Schrei bewusstlos in seine Arme sank. Vom Boden rappelte sich eine Gestalt hoch. Der Diener. Er sah schlimm aus. Das Feuer hatte seinen Anzug verkohlt, er blutete aus der Nase.

„Was um alles in den Galaxien ist geschehen?", fragte der Captain entsetzt. „Das hat Zeit für später", rief der Diener. „Wir müssen die Königin verarzten. Ihr Netzwerkmodul ist schwer beschädigt. Sie braucht dringend Ersatzteile. Die Akkus können die Energie nicht mehr speichern."

Die Feuerwehrleute waren inzwischen nicht untätig gewesen. Mit einer Drehleiter holten sie die verletzte Königin vom Gerüst und brachten sie ins Mitarbeiterzelt.

Dotti.com kam über den Platz geflitzt: „Habe ich etwas verpasst? Was riecht denn hier so verbrannt? Bin ich das?"

Der Diener kam vom Gerüst geklettert und fing den kleinen Roboter ein. „Dotti.com, geh wieder in den Schlummermodus. Es wird alles gut."

„Schlummermodus ist ein gutes Stichwort", gähnte Erik. „Lasst uns auch noch ein bisschen schlafen, bevor die Sonne wieder aufgeht. Los, ab in die Zelte."

Alle gehorchten, aber an Schlafen war erst mal nicht zu denken, nach dem Schreck. Tim fragte sich, ob er irgendwas für Galaxia tun könnte. Er lauschte dem Abrücken der Feuerwehr und fiel dann in einen unruhigen Schlaf.

Kapitel 14

TOTALSCHADEN

„Trööööt!" – Aufstehen, waschen, Zähne putzen! Wie konnten die Mitarbeiter nur meinen, dass man nach so einer Nacht zum Alltag übergehen könnte?

Als alle aus den Zelten krochen, kamen sie aus dem Staunen nicht heraus. Der Bauzaun stand noch, aber die Planen, die das Gerüst verhüllt hatten, waren nicht mehr da. Den Kindern bot sich ein gigantischer Anblick. Etwas, das wie eine riesige fliegende Untertasse aussah, bildete die Mitte. Allerdings hatte die Explosion der letzten Nacht die obere Hälfte abgerissen. Es sah ein bisschen aus wie ein Ei, das auf den Boden gefallen war. Rußschäden überall. Es waren Auf- und Abgänge zu sehen, durch die man das Raumschiff betreten konnte. Verschiedene unterirdische Gänge schienen ein Labyrinth zu bilden. Mit Seilen und Leitern waren die drei Stockwerke miteinander verbunden. Es gab auch eine riesige Notrutsche und eine Basketball-Freifläche. Wäre der Bauzaun nicht gewesen und hätten die Solarier schon alles erkunden können – das Trööööt zum Frühstück wäre wohl vor Begeisterung nicht gehört worden.

Während alle ihr Frühstück mampften, wurde eifrig über die Ereignisse der letzten Nacht geredet. Der blaue Stamm, der Nachtwache hatte und eigentlich das Lager hätte schützen sollen, war vor lauter Kakaoschlürfen eingepennt. Er wurde erst wach, als die Feuerwehr schon anrückte.

Ein kleines Mädchen, das sich nicht traute, alleine Pipi machen zu gehen, hatte mit ihrer Betreuerin Stimmen hinter dem Bauzaun gehört. Doch die beiden hatten sich nichts dabei gedacht.

Einer aus dem Stamm Türkis behauptete, er hätte drei Kometen mit Feuerschweif gesehen, die kurz vor dem Brand funkensprühend ums Lager geflogen seien. Sie seien im Pool gelandet und erloschen. Das glaubte keiner wirklich. Trotzdem beobachtete Tim später, dass einige Kinder doch neugierig über den Poolrand schauten, um ganz sicher zu gehen, dass dieser Teil der Geschichte nicht stimmte.

Tim konnte es kaum erwarten zu erfahren, wie es Galaxia ginge. Nach der Stillen Zeit war es dann soweit. Alle wurden mit Trööötins große Zelt gerufen.

Dotti.com schepperte auf der Bühne hin und her und verstand die Welt nicht mehr. „Warum hat Galaxia das nur gemacht?", fragte er immer wieder. Er schüttelte sein Visier, das scheppernd rauf und runter klappte.

Der Diener und der Captain kamen. „Da ist nichts mehr zu machen. Totalschaden."

Der Captain schüttelte traurig den Kopf. „Warum um alles in den Galaxien wollte die Königin alleine starten? Die Tests waren eindeutig. Ehe die Kühlung der Haupttriebwerke reibungslos funktioniert, war klar, dass es viel zu gefährlich sein würde. Es fehlte noch ein entscheidendes Element. Sie wusste, dass wir alles Geld der Solarier brauchen, um dieses zu bekommen. Wenn es überhaupt zu bekommen ist. Nun ist alles ruiniert. Es wird unmöglich sein, das Raumschiff wieder in Gang zu bringen."

Dotti.com mischte sich ein: „Ja, und wie geht es der Königin?"

Der Captain verdrehte die Augen: „Gestern dachten wir noch, sie überlebt nicht. Der Diener meinte, sie solle sich sicherheitshalber generalüberholen lassen. Ihr Netzwerkmodul hat großen Schaden genommen. Prompt bekam sie einen ihrer berüchtigten Wutanfälle. Sie hat keinen an sich herangelassen. Heute Morgen war sie dann fast wie immer, nur noch streitsüchtiger.

Sie will sich erst dem Volk zeigen, wenn ihr Umhang repariert ist, und sie beim Friseur war. Du weißt ja: Alles, was nicht perfekt ist, hat in ihrem Reich keinen Platz. Im Zweifelsfall würde sie sich sogar selbst in die Verbannung schicken."

Dotti.com rasselte: „Heißt das, heute kann jeder machen, was er will?"

„Nicht ganz", erwiderte der Captain. „Der Auftrag für heute lautet, den Bauzaun zu entfernen und zu testen, was an dem Raumschiff noch zu retten ist."

Kapitel 15

Ein Tag in Freiheit

Das ließen sich die Kinder nicht zweimal sagen. Alle strömten aus, um das Bauwerk zu erkunden. Von Nahem betrachtet war es noch cooler als gedacht. Im Innern des Raumschiffes war eine Arena gezimmert. Wie in einem Fußballstadion konnten alle zweihundert Kinder dort Platz finden. Da das Wetter schön war, hatte sich die Band dort aufgebaut. Schon beim zweiten Lied hielt es keinen mehr auf seinem Platz.

„Dipdipdedipdipdedipdipdedip Yeah."

Sie brüllten alle im Chor, und auch die Schlachtrufe der Stämme wurden immer lauter gebrüllt.

Tim dachte zwischendurch: „Ich würde voll gerne Papa anrufen und erzählen, wie cool es hier ist! " Dann tauchte er aber wieder voll in die Welt der Solarier ein und flog in seiner Fantasie zu Außerirdischen, gegen die er das Raumschiff verteidigen musste.

So verbrachte er den ganzen Nachmittag, kletterte Leitern rauf und runter, lockte mit seinen Kumpels die Roten in einen Hinterhalt. Er kämpfte mit seinem Schwert und holte sich einen Sonnenbrand. Die Zeit verging wie im Flug. Im Weltallflug. Alle genossen den sonnigen Tag.

Tim verstand nun, weshalb alle so begeistert von der Mega-Wasserrutsche waren. Von der höchsten Stelle des Bauwerks konnte man auf Wasser und Spüli die Schräge hinabflitzen, bis der Po am Ende im Matsch stecken blieb. Herrlich!

Abends erlebte Tim noch eine Überraschung. Erik, sein Stammesleiter, tippte ihm, nachdem sich alle schon in den Schlafsäcken zusammengerollt hatten, auf die Schulter.

„Psst, Tim, ich habe was für dich."

„Für mich? Was denn?"

„Hier, ich habe dir eine Bibel besorgt. Dann fliegt deine Tarnung nicht auf."

Tim wurde ein bisschen rot, was zum Glück im Halbdunkel des Zeltes nicht zu sehen war.

„Äh, danke. Was bekommst du dafür?"

„Eine Million."

Tim setzte sich auf: „Was?"

„Psst, sonst weckst du die anderen auf. Mal im Ernst. So eine Bibel ist unbezahlbar. Aber keine Sorge, ich schenke sie dir, … unter einer Bedingung."

„O. K. war ja klar, die Sache hat einen Haken", dachte Tim.

„Die wäre?", fragte er leise.

„Du versprichst mir, darin zu lesen … und leihst mir dein Drei-Fragezeichen-Buch, wenn du es durchgelesen hast."

Tim freute sich. „Das Buch kannst du gleich haben. Ich habe hier eh kaum Zeit zum Lesen. Sag mal, warum hast du mir eigentlich am ersten Tag aus der Patsche geholfen und keinem verraten, dass ich gar keine Bibel hatte?"

Erik schmunzelte: „Alles Gnade!"

„Nachtruhe!", tönte es von draußen durch die Zeltwand. Erik klopfte Tim kurz auf die Schulter und flüsterte: „Schlaf gut."

Tim nickte. Er schob die Bibel unter sein Kopfkissen. Am liebsten hätte er gleich ein bisschen in dem Buch geblättert, aber die Nachtwache machte ihre Runde um den Platz.

„Morgen ist auch noch ein Tag, sagt Mama immer", seufzte Tim schon im Halbschlaf. Bevor er Heimweh bekommen konnte, war er auch schon eingeschlafen.

Kapitel 16

AUßERIRDISCHE UNTER SICH

Galaxia ging in ihrem Thronsaal auf und ab. Ihr Kleid war wieder in Ordnung, die Frisur saß perfekt. Einzig ihre schlechte Laune passte nicht zu ihrem tollen Aussehen. Dotti.com rollte um sie herum und versuchte, sie aufzumuntern. Immer eine Schraubenschlüssel-Länge entfernt. Bei Galaxia wusste man nie …

Die Königin schimpfte vor sich hin: „Ich war so kurz vorm Ziel, dann explodiert das blöde Raumschiff. Die Solarier hätten wohl dumm aus der Wäsche geschaut, wenn ich alleine ins Universum gestartet wäre."

Dotti.com schob ein wenig sein Visier hoch: „Aber warum wolltet Ihr eigentlich alleine fliegen, sollten nicht die besten Solarier mitkommen?"

„Unsinn, ich brauchte nur ihr Geld, um das letzte Modul für dieses Raumschiff zu bekommen. Es reichte fast, nur dieses winzige Schräubchen fehlte, dann – knallbummzisch – alles Schrott. Jetzt fange ich wieder von vorne an."

Die Königin holte einen zerknüllten Zettel aus ihrer Umhangtasche. Sie las und schüttelte immer wieder den Kopf.

„Ich muss ihn kennenlernen! Ich muss seine Liebe gewinnen, herausfinden, ob das stimmt, was er behauptet. Dann werde ich mich ihm anschließen."

„Wie, wieso, was, wem?", fragte Dotti. Er schnellte nach vorne und entwendete der Königin den Zettel und überflog ihn kurz.

„Das ist der Funkspruch, den der Captain abgefangen hat? Na, der Schreiber gibt ja ganz schön an.“

Und dann las er vor:

„Ich bin das A und das O, der Anfang und das Ende, sagt der Herr, der ist, der war und der kommt, der Allmächtige.“

„Endlich mal jemand, der mir ebenbürtig sein könnte“, schwärmte Galaxia. „Ich werde ihm entgegenfliegen. Er wird sehr beeindruckt sein.“

„Naja, aber wenn da steht, dass er kommt“, wendete der kleine Roboter ein, „können wir doch hier auf ihn warten, oder nicht?“

„So ein Unsinn!“, herrschte seine Gebieterin zurück. „Solaria gehört zwar zu einem weit entwickelten Planeten, aber es ist nicht perfekt. Es wäre besser, ich könnte diesem Herrn vorher begegnen und ihn für mich gewinnen.“

„Ja, aber ohne Raumschiff …“, wagte Dotti.com anzumerken.

„Halt die Klappe, das will ich nicht hören!“ Wütend stampfte Galaxia auf den Boden. „Dummerweise hast du Recht. Wir brauchen möglichst schnell ein neues Raumschiff.“

Der Diener trat aus dem Schatten des Vorhanges und verbeugte sich. „Meine Königin, wenn ich meine Hilfe anbieten darf.“

Die Königin hörte ihn nicht, weil sie genau in diesem Moment nach dem Captain rief, der sofort herbeieilte.

„Captain. Wie lange brauchen die Besten des Landes, um ein neues Raumschiff zu bauen?“

„Eure Hoheit, das hängt ganz davon ab, ob wir in der Lage sind, alle Materialien zu beschaffen.“

„Sind wir das?“, fragte die Königin ungeduldig.

Wohlwollend zuckte der Diener mit den Schultern. „Nach unseren Beobachtungen sind viele der Solarier klug und mutig."

Doch das reichte seiner Gebieterin nicht. „Und sind sie auch schön genug?"

„Naja, wie man es nimmt. Einige haben schon einzelne Pickel. Ein paar Solarier haben nicht so gute Augen, sie tragen lustige Gestelle mit Gläsern auf der Nase, die sie an ihren Ohren festklammern. Das scheint zu helfen." Die Königin wandte sich angewidert ab.

„Dagegen muss etwas unternommen werden. In meinem Reich dulde ich nur die Besten – die Allerbesten! Alle dürfen helfen, neue Raumschiffe zu bauen, aber sonst sollen sie mir nicht unter die Augen kommen."

„Das Volk der Solarier wird euch dafür lieben!", rollte Dotti.com mit den Augen. Peng! Der Schraubenschlüssel der Königin knallte auf seinen Deckel, dass es nur so schepperte.

„Ja, das wird es! Ich werde sie zwingen, mir zu gehorchen, mich zu lieben. Und du frecher Roboter, nimm dich in acht, sonst zerlege ich dich höchstpersönlich in deine Einzelteile."

Dotti.com sah zu, dass er aus ihrem Blickfeld kam. Fast unmerklich schüttelte der Diener verständnislos den Kopf. Der Captain schluckte und stand stramm, als Galaxia die beiden Männer mit ihren stechend blauen Augen anfunkelte.

„Höre ich von euch Widerrede?", fauchte sie. Beide Männer blieben stumm und verneigten sich, bis sie den Saal verlassen hatte.

Kapitel 17

ERSTAUNLICHE DINGE GESCHEHEN

Etwas klopfte regelmäßig an die Zeltwand, als Tim in den neuen Morgen blinzelte. Zunächst wusste er nicht, was es war. Als er aber den Reißverschluss des Zeltes aufzog, um in seine Flipflops zu schlüpfen, bekam er nasse Füße. Es regnete. Auf dem Planeten Solaria? Nachdem die letzten Tage nur Sonnenschein war, hatte er mit Regen gar nicht mehr gerechnet. Doch er musste dringend zur Toilette.

Er huschte zu dem Wachturm direkt vor dem Zelt. Was sollte er tun? Sich auf dem Weg zum Toilettenwagen einen nassen Pyjama holen oder in seiner Tasche nach der Regenjacke wühlen? Nee, das würde die anderen wecken. Kurzerhand zog er den Schlafanzug aus, stopfte ihn in eine trockene Nische des Turms und flitzte nur in Boxershorts über den Platz.

Er begegnete Leni, die bereits auf dem Rückweg war und mit wehender Regenjacke an ihm vorbei lief. Tim war wie geduscht, als er zum Turm zurückkam. Er schlüpfte schnell wieder in seinen Schlafanzug und sah sich um. Die Mitarbeiter hatten Liegengebliebenes vom Vorabend unter die Jurte geräumt. Nun verstand Tim auch, warum sie für die Schuhe einen Unterstand gezimmert hatten. Auch die Beutel mit dem Geschirr hingen unter einer Plane geschützt. Dem Geschirr wäre es ja noch egal gewesen, aber mit einem nass geregneten Geschirrhandtuch ließ es sich schlecht abtrocknen.

Tim stellte sich in den Schutz des Wachturmes und schaute dem Regen zu. Erste Pfützen hatten sich gebildet. Ein vergessener Pullover hing tropfend am Klettergerüst. Der Platz war noch still und friedlich. Die Mitarbeiter waren zur Morgenbesprechung im großen Zelt. Aus dem Küchenzelt drangen schon Stimmen und Geklapper von Geschirr. Wie spät mochte es wohl sein? Der wolkenverhangene Himmel ließ nicht erkennen, ob die Sonne schon aufgegangen war. „Irgendwas zwischen halb sieben und halb acht“, dachte Tim. Halb acht kommt das Trööööt zum Wecken. Also konnte er sich noch mal 'ne Runde in den Schlafsack kuscheln und seinen Muskelkater von gestern pflegen.

Eine Frage kam ihm in den Sinn: Wieso gab es eigentlich hier so viele Mitarbeiter? Hatten die nichts Besseres in ihrem Urlaub zu tun, als mit hunderten von Kindern eine Woche zu toben? Was besprachen die jeden Morgen dort im Zelt?

Dann das Küchenteam. Tim wusste, dass Tante Conny einen anstrengenden Bürojob hatte. Warum legte sie sich nicht, wie viele andere auch, einfach im Urlaub an den Strand? Das Küchenteam begann immer als erstes zu arbeiten. Die letzten gingen spät abends, wenn die Nachtwache mit Kakao und Süßigkeiten versorgt war. Mittags legte die kleine Köchin gerne mal die Füße hoch, doch kurz darauf rührte sie schon wieder eifrig in irgendwelchen dampfenden Töpfen. Diese waren so groß, dass Obelix locker ein ganzes Wildschwein hätte darin garen können. Abends kamen manchmal Frauen angeradelt, die dann in Windeseile so viele Kartoffeln schälten, dass man damit drei Elefanten satt bekommen hätte oder eben 200 Kinder.

Tim war froh, dass es immer ganz normales Essen gab. Es hätte ja auch Astronauten- oder Außerirdischen-Futter geben können. So getrockneter Kram aus Alubeuteln. Besonders lecker fand er immer die Getränke. Jederzeit konnten die Solarier an der Station ihre Trinkflaschen auffüllen. Eigentlich war es roter Tee, Sirup-Wasser und Zitronenlimonade. Auf den Kanistern stand aber Sonnendrink, Milchstraßenextrakt oder Mondscheinsoße. Damit schmeckte es gleich außerirdisch lecker.

Trotzdem hatte Tim sich gestern in der Mittagspause eine kalte Cola zur süßen Tüte gekauft. Sein Taschengeld war schon sehr aufgebraucht. Bis Freitag würde es nicht reichen, wenn er weiterhin so viel Geld ausgab.

Tim dachte an den Vers der Stillen Zeit gestern. „Bittet, so wird euch gegeben", so fing der Spruch an. Erik hatte erklärt, dass Jesus das versprochen hatte. Dann noch so was mit suchen und finden, anklopfen und so. Paul hatte behauptet, Tim dürfe seinen Papa im Himmel um alles bitten. Tim wollte erst mal klarstellen, dass sein Vater noch nicht im Himmel war. Nur mal kurz über den Wolken, auf dem Flug nach Amerika.

Die anderen hatten ihn verwundert angeschaut. Erik erklärte ihm, was für die anderen anscheinend ganz klar war: „Papa ist nicht der Mann von Mama. Oder nee – anders. Jeder hat zwei Papas, einen auf der Erde und einen im Himmel."

Tim dachte an seinen Freund Klaus. Der hätte dann sogar drei Papas. Seine echten Eltern hatten sich getrennt, seine Mutter letztes Jahr neu geheiratet. Dazu der Papa im Himmel. Machte also drei! Da sollte einer durchsteigen. Erik schloss seine Erklärungen mit: „Gott ist unser Vater. Als Kinder Gottes dürfen wir Papa zu ihm sagen." Tim war nach den ganzen Erklärungen nicht viel schlauer als vorher.

Doch als er so unter dem Turm im Regen stand, kam ihm die Idee, er könne es ja mal ausprobieren. Er atmete tief durch und schloss die Augen. Er sagte leise: „Papa im Himmel. Ich will einen Porsche." Er öffnete die Augen: Nichts. O. K. vielleicht musste er lauter sprechen: „Papa im Himmel. Ich will einen Porsche! Äh, bitte." Augen auf.

Er sah direkt in das verschlafene Gesicht von Hans, der sich auf dem Weg zum Klo auf die trockene Stelle unter dem Turm geflüchtet hatte.

„Kannste auch nicht mehr schlafen? So ein Schietwetter heute."

Hans zog die Schultern hoch. Bevor er über den Rasen Richtung Toilettenwagen flitzte, meinte er noch: „Was willst du denn mit einem Porsche? Du kannst doch eh erst in ein paar Jahren Führerschein machen. Bis dahin wäre die Karre rostig."

Tim fühlte sich ertappt. Hans schüttelte den Kopf und lachte. „Vielleicht betest du erst mal für etwas, das du wirklich brauchen kannst, und nicht für so einen Schnickschnack. Zum Beispiel für trockenes Wetter."

Nach diesen Worten rannte Hans los. Zack ums kaputte Raumschiff, mitten durch eine tiefe Pfütze in Richtung Toilettenwagen. Tim fröstelte und er beschloss, wieder ins Zelt zu gehen. Er murmelte: „Naja, Gott, du weißt ja, was ich brauche."

In diesem Moment trat er auf etwas Hartes. Es gab ein schmatzendes Geräusch unter seinem Flipflop. Tim hockte sich hin und sah etwas Blinkendes in der Pfütze versinken. Er griff entschlossen in den Matsch. Im Pfützenwasser spülte er den Dreck ab und hielt ein glänzendes Zwei-Euro-Stück in den Händen.

„Wow, zwei Euro! Das reicht voll für ne süße Tüte! Danke, Papa im Himmel! Das war genau das, was ich gerade brauchte!"

Er konnte sein Glück kaum fassen. Ob wirklich Gott ihm das Geld in den Matsch gelegt hatte? Cool! Tim kroch ins Zelt, steckte das Geldstück in seine Reisetasche und krabbelte bis zum Weck-Trööööt in seinen Schlafsack, um sich aufzuwärmen.

Kapitel 18

DER AUFTRAG

Obwohl Tim nicht für gutes Wetter gebetet hatte, riss der Himmel nach der Praise Time auf und die Sonne schleckte das restliche Wasser aus den Pfützen. Der Matsch blieb. Holzpaletten wurden vor das große Zelt gelegt, sodass die Matschkuhlen abtrocknen konnten.

Nach der Stillen Zeit sollten sich alle in der Arena des kaputten Raumschiffes versammeln. Der Diener war eifrig damit beschäftigt, die Sitzflächen der Bänke für die Solarier zu trocknen. Der Captain studierte etwas, was wie Baupläne aussah. Dotti.com checkte, ob der Regen irgendwelche Funktionen bei ihm beschädigt hatte.

Die Stämme drängelten in die Arena, um besonders gute Sicht auf den Funkturm zu haben, auf dem sie Galaxia erwarteten. Dafür stiefelten sie mit ihren matschigen Schuhen quer über die Sitzreihen. Leni, die schon einen guten Platz ergattert hatte, schimpfte: „Hey, ihr Matschfuß-Solarier, seht ihr nicht, dass da gerade sauber gemacht wurde?"

Paul meinte: „Wenn meine Mutter gerade die Küche gewischt hätte, gäbe es eine Ansage und einen Wischlappen ins Genick, wenn jemand wagen würde, da durchzulatschen."

„Wird doch eh wieder dreckig!", riefen Kinder aus dem gelben Stamm frech und kicherten. Der schwarze Stamm stimmte seinen Schlachtruf an:

„Wir sind schwarz, wir sind toll!
Die andern bekommen die Hucke voll.
Unsern Weg hält keiner auf,
wir sind die Stärksten und voll gut drauf!"

Der Anführer brüllte noch hinterher:
„Was Orange sagt ist alles Quatsch,
wir stiefeln weiter durch den Matsch!"

Die Gelben mischten sich ein:
„Wir sind das Gelbe vom Ei!
Alle andern hauen wir zu Brei …"

„Morgenrot und Abendrot,
wir hauen alle Gegner tot!"
Der rote Stamm grölte, dass die Köpfe so rot wurden, wie die T-Shirts. Stamm Rosa mischte sich ein:

„Nagellack und Barbiepuppe – sowas ist uns völlig schnuppe.
Wollt ihr euch nicht mit uns vertragen,
werdet ihr rosa Narben haben. Think Pink!"

Hans lachte: „Rosa ist wirklich eine dumme Stammesfarbe." Von links tönte es:
„Türkis, türkis,
wenn wir kämpfen, wird es mies!"

Es war ein Gebrüll, dass man es bestimmt bis ins entfernte Dorf hören konnte. Tim sah dem Diener zu, wie er immer wieder Dreckklumpen wegwischte, ohne sich um das Getöse um ihn herum zu kümmern. Einmal schaute er kurz auf und sah Tim direkt in die Augen. Tim fühlte sich ein bisschen unwohl. Er hatte das Gefühl, dass dies kein zufälliger Blick war. Der Diener zwinkerte ihm kurz zu, bevor er weiterputzte. Tim sagte leise: „Danke fürs Putzen." Dann bekam er einen Knuff von Paul, woraufhin er lauthals in den Schlachtruf der Orangenen mit einstimmte.

Ein Donnerschlag kündigte Galaxia an. Sofort verstummten alle und verneigten sich.

„Solarier!", schallte ihre glasklare Stimme. „Setzt euch. Ich habe etwas mitzuteilen." Alle gehorchten. „Ab heute werdet ihr sehr fleißig sein müssen. Es gilt, viel Geld, Sollars, zu verdienen. Es müssen neue Materialien für ein flugtüchtiges Raumschiff gekauft werden. Jeder Stamm bekommt hiermit den Auftrag, innerhalb von drei Tagen eine Rakete, ein Ufo oder etwas Ähnliches zu bauen. Je mehr „Sollars" ihr verdient, umso wertvollere Baustoffe könnt ihr kaufen. Gebt euch Mühe, denn es kann nur eine Siegerrakete geben. Die Elektronik der Startfunktion wird in der Zwischenzeit vom Captain entwickelt. Die besten Ingenieure des Landes werden ihm helfen. Das Modul wird in die schönste Rakete eingebaut. Dieser Stamm darf mich dann auch auf dem Flug begleiten. Zu dem, der von sich behauptet, … ach, egal."

Der Captain sprang auf: „Königin der Galaxien, wir sind bereit, Euch zu dienen!"

Die Solarier stimmten ein: „Königin der Galaxien, wir sind bereit, Euch zu dienen!"

Dotti.com wackelte mit den Augen und riss seine Arme hoch: „Könnt ihr nicht lauter?"

Das ließen sich die Solarier nicht zweimal sagen. Alle grölten im Chor. Die Stimmen überschlugen sich, einige krächzten nur noch, da sie bereits heiser waren. Paul hakte Tim unter. „Zusammen für die Königin!" Hans, Leni und alle anderen hakten sich ebenfalls unter. „Für die Königin!"

Galaxia nickte wohlwollend und verließ den Funkturm. Der Diener fegte schnell noch eine Pfütze vor ihr weg, damit sie ihr Kleid nicht ruinierte.

Kapitel 19

EIN PLAN MUSS HER

„Treffen im Stamm!", Erik winkte seinen orangenen Solariern zu, ihm unter die Jurte zu folgen. Dort machten sie eine Lagebesprechung. Das kleine pummelige Mädchen sprudelte schon vor lauter Ideen, wie ihr Team es wohl anstellen könnte, den Auftrag der Königin als bester Stamm zu erledigen. Der Holzturm, auf dem die Jungs am liebsten Stille Zeit machten, diente als Grundgerüst, wie in allen anderen Stämmen auch. Aber womit sollten sie bauen? Ach ja, die Königin hatte etwas von „Sollars verdienen" gesagt, es sollten also wieder Schrauben ergattert werden.

„Trööööt!" – Wieder kündete die Tröte ein leckeres Mittagessen an. „So viel Zeit muss sein!", meinte Erik und schnappte sich seinen Geschirrbeutel. Die Zeit der Mittagspause sollten alle nutzen, um Entwürfe für eine Rakete zu zeichnen.

Tim bog auf dem Weg zum Essen noch kurz zum Küchenzelt ab, denn er hatte Tante Conny gesehen. Sie winkte ihm fröhlich mit dem Kochlöffel zu. „Alles gut?", rief sie zu ihm herüber. Tim streckte den Daumen hoch. „Wir haben schon super Ideen!" Er stutzte: „Was sollen denn die Bauzäune und das ganze Holz hier neben dem Küchenzelt?"

Tante Conny sagte stolz: „Das Küchenteam hat beschlossen, gemeinsam mit dem Werkstattteam ebenfalls ein Flugobjekt zu bauen."

„Echt?", wunderte sich Tim.

„Klaro! Ein Flug in die Galaxien? Das lassen wir uns nicht entgehen." Dann fügte sie noch hinzu: „Deshalb müsst ihr heute

Abend euer Essen auch selbst zubereiten."

„Ach, ehrlich?", und schon war Tim verschwunden, um seinem Stamm diese Nachricht weiterzuerzählen. Keiner glaubte ihm.

Tim beeilte sich nach dem Essen, sein Geschirr zu spülen. Er wollte sich schnell noch eine süße Tüte beim Kiosk besorgen. Mit dem Zwei-Euro-Stück, das er heute Morgen gefunden hatte, ließ sich etwas Gutes zusammenstellen. Er war tatsächlich der Erste. Tim gab das ganze Geld aus und lief gut gelaunt, die erste Lakritz-Schnecke mampfend, zum Zelt. Er winkte Erik zu, der gerade gähnend zur Mitarbeiterbesprechung trödelte.

Tim war aufgefallen, dass Erik ständig mit seinem Papa im Himmel sprach. Vor dem Essen im großen Zelt wurde auch immer gebetet, um Gott Danke zu sagen für das gute Essen. „Naja", dachte Tim, „eigentlich kam das Essen ja aus dem Küchenzelt. Das Küchenteam wurde aber nicht angebetet."

Kurz überlegte Tim, ob er, bevor er die grünen Kaubonbon-Frösche genoss, auch beten sollte. Gott hatte ihm ja immerhin das Geld dafür in den Matsch gelegt. „Zu spät", murmelte er schmatzend, „die Hälfte habe ich ja eh schon gegessen." Tim schlüpfte ins Jungs-Zelt, wo Paul und Hans schon mit Zeichnungen für die Rakete begonnen hatten. Sie steckten die Köpfe zusammen und planten gemeinsam weiter. Es sollte blinken, zischen und mindestens vier Antriebsdüsen bekommen.

„Du lügst! Du bist echt nicht mehr meine Freundin!"

„Ich lüge gar nicht, blöde Kuh!"

Zuerst grinsten die Jungs sich an, als sie die empörten Stimmen vor dem Nachbarzelt hörten. Doch schnell wurde klar, dass dort ein handfester Streit im Gange war. Leni schimpfte und zeterte wie ein Rohrspatz. Es kamen heftige Widerworte, Kreischen und Motzen. Die Jungs krochen aus dem Zelt und sahen, dass Leni ihre Freundin in den Schwitzkasten genommen hatte. Beide hatten sich im nassen Gras gewälzt und waren voller Matsch. Leni hatte hochrote Wangen und Wuttränen in den Augen. Die anderen Mädchen standen um die beiden Kampfhähne herum. (Oder heißt das bei Mädchen Kampfhennen?) Jedenfalls trauten sie sich nicht einzugreifen, um nicht selbst etwas abzubekommen.

„Was ist hier los? Es ist Mittagspause! Was soll das Gebrüll? Du da, lass sofort das andere Mädchen los."

Wie aus dem Nichts stand die sonst so freundliche Köchin, die Hände in die Hüften gestützt, entrüstet vor ihnen. Leni ließ von ihrer Freundin ab und wischte sich den Dreck vom Arm. Das andere Mädchen rappelte sich stöhnend hoch.

Leni klagte: „Meine Freundin hat mich beklaut!"

„Stimmt nicht! So was würde ich doch nie tun!“, versuchte sich die andere zu verteidigen.

Leni knirschte vor Wut mit den Zähnen und ballte die Hände zu Fäusten. „Doch! Du warst die Einzige, die das Versteck kannte.“

Die Köchin mischte sich ein: „Kein Gebrüll mehr! So, nun mal schön der Reihe nach.“

Alle spitzten nun neugierig die Ohren, doch die Köchin schickte alle in die Zelte, um mit den beiden Mädchen alleine zu sprechen. Also verkrochen sie sich auf ihre Isomatten. Doch Hans hatte die geniale Idee, am Zelteingang zu lauschen, worum es bei dem Streit ging. Er legte sich platt auf den Bauch, hob die Zeltplane ein bisschen an und horchte.

Nach einiger Zeit drehte er sich zu den Jungs um, die mucksmäuschenstill waren, damit Hans gut hören konnte. Er berichtete: „Leni sagte, in ihrer Reisetasche ist ein geheimes Fach. Dort hat sie ihr Taschengeld aufbewahrt. Für jeden Tag zwei Euro. Ihre Freundin hat die gleiche Tasche und sie unterhielten sich darüber, wie perfekt getarnt dieses Versteck doch sei. Heute, als Leni ihr Geld holen wollte, fehlten zwei Euro. Das Miststück von Freundin muss sie geklaut haben. Die streitet natürlich alles ab.“

„Voll mies, seine eigene Freundin zu beklauen!“ Paul schüttelte den Kopf: „Da kann ich verstehen, dass Leni stinkedinkeböse ist.“

Hans nickte und fuhr fort: „Ja, und die Blöde gibt es noch nicht mal zu! Sie behauptet steif und fest, Lenis Tasche nicht angerührt zu haben.“

„Mädchen!“, Paul schüttelte verständnislos den Kopf und beugte sich wieder über die Raketenzeichnung, die schon ziemlich cool aussah.

Kapitel 20

VIELE SOLLARS BRAUCHT DER STAMM

„Trööööt!" Lagebesprechung im großen Zelt. Es gab verschiedene Stationen, an denen Sollars verdient werden konnten. Knobelspiele, Geschicklichkeitsparcours und Wettrennen. Dass Paul, der besonders sportlich war, gleich zum Wettrennen flitzte, war ja klar. Tim brauchte ein bisschen, bis er sich für die Knobelspiele entschied. So rannten alle in kleinen Grüppchen kreuz und quer von Aufgabe zu Aufgabe über den Platz und füllten ihre Hosentaschen mit den heißbegehrten Sollars. Nach der Wettkampfzeit trugen sie die Ausbeute zusammen.

Zum Abschluss, bevor wieder alle in der „gelenkten Freizeit" machen konnten, wozu sie Lust hatten, trafen sie sich in der Arena zum gemeinsamen Singen. Die Band schaute zwar öfter zum Himmel, an dem sich wieder Wolken zusammengezogen hatten, aber es blieb trocken.

Nach dem Singen kamen ein paar Ansagen. Erst das Übliche: Erinnern an die Lagerregeln, der Hinweis, nachts die Schuhe im trockenen Regal zu sichern, da weiterhin unbeständiges Wetter angekündigt war …

Tim hörte zunächst nur mit halbem Ohr zu. Er überlegte, ob es ihm wohl heute gelingen würde, beim Getränkekisten-Stapeln den Rekord zu brechen. Da trat das gesamte Küchenteam auf die Bühne. Was sie verkündeten, war eine absolute Unverschämtheit: Tante Conny stellte sich in die erste Reihe und erklärte, wie schon mittags angedeutet, dass jeder Stamm selbst für sein Abendessen sorgen müsse.

Und dann, das war die Höhe: Für die Herausgabe der Lebensmittel musste gezahlt werden. Jeder Stamm sollte sich überlegen, ob er gar nichts, trockene Brötchen, Pizzabrötchen oder gar überm Lagerfeuer geröstete Knusperbaguettes mit Schoko-Bananen-Füllung essen wolle. Alleine bei der Beschreibung der Köstlichkeiten lief allen schon das Wasser im Munde zusammen.

So trug bald ein Stamm nach dem anderen einen großen Teil der hart verdienten Sollars zum Küchenzelt. Dort bekamen sie Kisten mit Zutaten ausgehändigt. Obwohl alle Stämme unterschiedlich viel bezahlten, hatte Tim irgendwie den Verdacht, dass doch in allen Kisten das gleiche war. Der Rosa Stamm wollte tatsächlich auf Essen verzichten. Doch als die ersten Duftschwaden der überm Feuer gebackenen Brötchen über den Platz waberten, rannten sie schnell noch der Köchin hinterher, die schon nach Hause wollte. Sie mussten einen Zuschlag zahlen, waren aber froh, überhaupt noch etwas abbekommen zu haben.

So brutzelten über allen Lagerfeuern die Aufbackbrötchen. Sie waren mit allem belegt, was auch gut auf eine Pizza gepasst hätte. Alufolie hielt alles zusammen und in nur drei Minuten war alles fertig, der Käse geschmolzen und das Brötchen knusprig. Der Hit war dann der Nachtisch. Das Brötchen wurde dick mit Frischkäse und Schokocreme bestrichen und dann wurde eine Banane darin versenkt. Ab in die Glut damit. Köstlich!

„Boah ey, ich platze gleich!" „Will jemand den Rest von meinem Bananenbrötchen?" „Keine Chance!" Selbst Erik winkte lachend ab und schleckte sich genüsslich die Reste der Schokocreme aus dem Bart. Da sie mit den Fingern gegessen hatten, gab es kaum etwas zu spülen. Das war auch gut so, denn es rollte ein Truck auf das Gelände.

„Hey, hallo! Stopp! Hier können Sie nicht rein!" Wild mit den Armen wedelnd rannte Frieder über den Platz. Zu spät. Der

Lastwagen stand schon direkt vor dem großen Zelt. Er hatte die Paletten, die als Steg über einer Matschkuhle aufgebaut waren, mit seinen großen Reifen zermalmt. Die Wäscheleine, die für die Geschirrhandtücher der Küche gespannt war, baumelte über die Windschutzscheibe. Es ertönte ein lautes Hupen, dann verstummte der Motor des nachtblauen LKW. Von dem Lärm wurden selbst die am weitesten entfernten Stämme angelockt.

Frieder hüpfte wie ein wild gewordener Gartenzwerg und wedelte aufgeregt mit seiner Schirmmütze: „Das gibt's doch nicht! Das sieht man doch wohl, dass hier keine Autobahnauffahrt ist. Das ist ja zum Haare raufen!"

Dotti.com kam angeflitzt und betrachtete die kurzen Haarstoppeln auf Frieders Kopf. Er klapperte mit dem Visier: „Wie will der Frieder das denn machen, bitteschön? Er hat ja kaum Haare! Hihihihi." Peng! Der Schraubenschlüssel der Königin, die ebenfalls herbeigeeilt war, sauste von hinten auf ihn herab, dass es schepperte.

Vom hinteren Ende des Platzes kam der Captain angerannt. „Oh, Entschuldigung! Das ist ein Missverständnis! Die Lieferung sollte zum hinteren Lagereingang."

Was für eine Lieferung? Tim und Paul sahen sich fragend an. „Lieferung?", fragte auch Frieder erstaunt. „Ich habe nichts bestellt."

„Aber ich!", ertönte Galaxias Stimme. Der Captain erklärte, dass es das Baumaterial für die Raumschiffe sei. Es sollte ein intergalaktisches Kaufhaus errichtet werden. Dort sollte man Baumaterial für Raketen, Ufos und Raumschiffe kaufen können.

Keiner hörte dem Captain so richtig zu. Es roch mit einmal seltsam nach, nach … ja! Nach Waldmeister-Wackelpudding. Die Beifahrertür des Trucks hatte sich ein Stückchen geöffnet und es quoll Dampf aus dem Führerhaus. Dann blubberte grüner

Schaum heraus. Die Hupe ertönte plötzlich erneut, sodass alle vor Schreck einen Satz zurück machten.

Tim traute seinen Augen kaum, als ein grüner Kerl ausstieg. Er war in einen grasgrünen Gummianzug gequetscht. Auf dem Kopf drei große Glupschaugen. Und auf dem Beifahrersitz saß eine ähnliche Gestalt.

„Hepdodieliefrun, piep piep piep."

Leni prustete vor Lachen los: „Sind das Ostereier auf Beinen?" Das pummelige Mädchen knuffte sie in die Seite: „Quatsch! Das sind grüne Männchen."

Es stellte sich heraus, dass die „Grünen Männchen" die bestellte Baumateriallieferung abgeben wollten. Galaxia befahl, für Ordnung zu sorgen. Frieder rangierte bald mit einem Trecker und zog den Lastwagen rückwärts wieder auf die Straße. So konnte der Truck ein Stückchen weiter von hinten an den Sommerlagerplatz heranfahren. Dort konnte er parken. Die Laderampe öffnete sich. Eine ganze Horde von grünen Kerlen sprang heraus, um in Windeseile ein großes schwarzes Zelt aufzubauen. Die Kinder schauten neugierig zu.

Nur eine Stunde später hatte das galaktische Einkaufszentrum eröffnet. Nach einer kurzen Einführung durften die Stämme nacheinander dort ihre ersten Einkäufe machen. Tim war ein bisschen traurig, dass er nicht zu dem kleinen Trupp gehörte, der das Material sichten durfte. So wartete er mit den anderen ab, was Paul, Hans und Leni mit zwei weiteren Jungs dort besorgten.

Die Einkaufstruppe sprudelte die Informationen nur so heraus, als sie am Zeltausgang erschienen. „Hey, voll die mega coolen Sachen! Zuerst – na klar – Holz und Schrauben in allen Breiten und Längen. Aber auch Tücher, Metallfolien, Farben, Lichterketten, sogar Nebel und Blitzgewitter-Maschinen."

Paul ergänzte: „Richtig teuer alles. Für heute haben wir Latten und Schrauben geholt, damit wir erst mal anfangen können."

„Schwuppdiwupp waren die Sollars alle", bedauerte Leni. „Wir werden morgen bei den Spielen noch eifriger sein müssen. Da waren ultracoole LED-Leuchtröhren. Die kann ich mir voll gut an unserer Rakete vorstellen."

Erik ermunterte: „Dann mal ran ans Werk! Wenn wir uns sputen, können wir bis zum Abend-Trööööt vielleicht schon die Front mit Brettern verschrauben. Ich habe schon Stichsägen und Akku-schrauber besorgt. Ich glaube, heute Abend steht nichts mehr auf dem Programm."

„Ich dachte, wir sind heute dran mit Nachtwache."

„Danke für die Erinnerung, Hans. Das hätte ich fast vergessen."

Kapitel 21

NACHTWACHE

Nachtwache! Tim wusste nicht so ganz, was er davon halten sollte. Die Aufgabe war es, das Lager zu beschützen. Rundgänge um die Zelte in regelmäßigen Abständen, um sicher zu gehen, dass alles in Ordnung war. Was sollte schon passieren? Das explodierende Raumschiff am ersten Abend war ja irgendwie geplant. Sicher würden nicht ständig alle aus der Nachtruhe geholt. Wenn Tim ehrlich war, hatte er im Dunkeln immer ein bisschen ein grummeliges Gefühl im Bauch. Er könnte sich schlafend stellen. Wobei, die Gruppe war ja zusammen. Wenn sowieso nichts los ist, brauchte er ja auch kein ungutes Gefühl haben.

Als Erik nachts um zwei sanft an seiner Schulter rüttelte, war Tim sofort hellwach. Er schnappte sich seine Taschenlampe, zog seinen Kapuzenpulli über und schlüpfte in die Turnschuhe. Paul hingegen hatte nur geknurrt, sich umgedreht und weitergeschlafen. Er würde die Nachtwache verpassen.

Schweigend gingen sie hinter die Arena des Raumschiffes. Dort knisterte in einer Feuerschale bereits ein kleines Feuer. Sie hockten sich drumherum und besprachen mit den Vorgängern, dass eigentlich nichts besprochen werden musste. Es war noch reichlich Kakao da. Nach dem üppigen Abendessen auch noch reichlich Toast und Schokocreme. Eigentlich hatte Tim geglaubt, er würde die ganze nächste Woche kein Essen mehr brauchen, weil er so satt war. Als Erik ihm aber eine Stulle hinhielt, konnte er nicht nein sagen.

Der erste Trupp begann seinen Rundgang. Tim würde bei der zweiten Runde dabei sein. Er schaute vom Feuer weg in die

Dunkelheit. Das Lager sah ganz verändert aus. Werkstatt und Küchenzelt hoben sich kaum von dem finsteren Wald ab, der direkt dahinter begann. Auch im großen Zelt, wo sonst immer die Post abging, brannte nur eine Notleuchte. Wo tagsüber getobt und gespielt wurde, sah man düster die schwarze Wiese. Die Lagerfeuer in den einzelnen Stämmen waren erloschen. Die Baustellen der Raketen ließen sich nur erahnen. Einzig im Toilettenwagen brannte Licht. Ab und zu huschte jemand im Schlafanzug über den Platz und winkte der Nachtwache zu, um nicht für einen Eindringling gehalten zu werden. Da es bedeckt war, erhellte noch nicht einmal etwas Mondlicht den Platz. Irgendwie ein bisschen unheimlich. Tim fröstelte und er gähnte verstohlen. Er würde die Stunde durchhalten und dann bloß schnell wieder in den Schlafsack!

Die ersten fünf Kinder kamen von ihrem Rundgang zurück, erleichtert, wieder im Feuerschein sitzen zu können. Die Freundin von Leni, die das Geld geklaut hatte, war unter ihnen. Leni würdigte sie keines Blickes mehr. Sie saßen alle und schauten in die Flammen, die an den kleinen Holzscheiten züngelten. Ab und zu schlürfte jemand an seinem Kakao-Becher.

„Ich würde gerne etwas mit euch besprechen", Erik redete leise aber klar und deutlich. Alle hoben die Köpfe, außer Hans, der eingenickt war. „Was heute bei uns im Stamm passiert ist, hat mich echt traurig gemacht."

„Ich weiß", sagte der Junge neben Tim, „ich hätte beim Ufo abwerfen besser sein können. Aber ich hatte einfach keinen Bock, weil der Werfer vom blauen Stamm immer schummelte. Der Betreuer hat's genau gesehen, aber nichts gesagt. Dabei ist der immer voll übergetreten und ..."

Erik unterbrach ihn: „Das meine ich nicht. Ich meine den Vorfall in der Mittagspause heute. Die Köchin hat mir davon berichtet." Leni schnaufte kurz auf, ihrer Freundin traten die Tränen in die

Augen. Erik fuhr fort: „Erinnert ihr euch noch an den Bibelvers, den ich euch am ersten Abend vorgelesen habe?"

„Lasst die Sonne nicht über eurer Wut untergehen", Tim murmelte es wie selbstverständlich vor sich hin. Leni schnitt eine Grimasse in Tims Richtung: „Oho, da hat der Tim aber mal gut aufgepasst. Braves Bübchen."

Erik legte Leni seine Hand auf die Schulter. „Bist du bereit, deiner Freundin zu verzeihen? So wie Jesus uns auch immer wieder vergibt?"

„Was?!" Lenis Freundin sprang auf und stieß dabei einen Becher Kakao um. „Ich habe das Geld doch gar nicht geklaut!"

„Wer soll es denn sonst gewesen sein?", fauchte Leni.

„Das weiß ich doch nicht. Denkst du wirklich, dass ich wegen so blöden zwei Euro meine Freundin bestehle?"

Erik unterbrach die beiden: „Habt ihr in eurem Klamottengewühl alles durchsucht? Ein kleines Euro-Stück kann ja auch mal irgendwo dazwischenrutschen."

„Na klar haben wir das, aber ohne Erfolg. Wir haben Lenis Draht zum Zahnspange enger stellen gefunden und Lisas Bikinioberteil, drei zerdrückte Grashüpfer und Tines geringelte Socke. Aber das Geld ist weg."

Leni maulte: „Oma hatte mir für jeden Tag ein Zwei-Euro-Stück spendiert. Sie weiß, dass es mit Wechselgeld immer schwierig ist."

„Ein Zwei-Euro-Stück?" Tim durchfuhr es heiß und kalt. Er setzte sich kerzengrade auf. Hatte Leni Zwei-Euro-Stück gesagt? Das Geldstück, das er am Morgen im Matsch gefunden hatte ... – sollte es möglich sein, dass es gar kein Geschenk von Gott war, sondern Lenis Geldstück? Er bekam sofort einen Kloß im

Hals. Er hatte das Geld doch schon ausgegeben. Wenn er es jetzt erwähnte, würde Leni glauben, Tim hätte es geklaut. Dann wäre sie so wütend auf ihn, wie auf ihre Freundin. Das wollte er keinesfalls riskieren!

Erik schüttelte enttäuscht den Kopf „Schade, dass wir die Sache nicht klären können. Wir werden wohl mit dem unguten Gefühl weiterleben müssen."

„Ich habe Leni schon etwas von meinen Süßigkeiten angeboten, aber sie wollte nicht", sagte die Freundin schulterzuckend. „Ich würde mich gerne wieder vertragen." Sie streckte Leni die Hand entgegen.

Leni zögerte: „Da habt ihr es. Wer sich verteidigt, hat ein schlechtes Gewissen. Aber egal. Ich verzeihe dir. Sonst ist mein Urlaub ja auch verdorben. Meine beste Freundin kannst du aber nicht mehr sein."

Leni schüttelte die angebotene Hand. „Oh Mann, was so ein Zwei-Euro-Stück alles bewirken kann."

Erik lehnte sich an die Holzwand. Tim schluckte heftig. Sollte er nicht doch etwas sagen? Wobei, ändern konnte er das Ganze sowieso nicht mehr. Also schwieg er und war froh, als das Thema gewechselt wurde.

Kapitel 22

EINE STIMME IN DER NACHT

„So, letzte Runde ums Lager, bevor die Ablösung kommt. Ich schlage vor, wir gehen alle zusammen. Nur Hans bleibt hier und bewacht die Feuerschale." Erik reckte sich, gähnte herzhaft und erhob sich.

„Mann, ist das heute Nacht extrem kalt!", sagte Leni. „Oder bin ich nur müde?" Tim zog sich die Kapuze seines Pullis über die Ohren. Leni hakte sich bei ihm ein. Schweigend umrundete die Gruppe den Platz. Leichter Nieselregen hatte eingesetzt. Bei den Zelten war alles ruhig. Weiter ging es zum galaktischen Einkaufszentrum.

Dort hörten sie seltsame Geräusche, die aus dem Inneren des LKW kamen. Sie wussten, dass die grünen Glupschaugen-Männchen dort schliefen. Als sie sich vorsichtig der leicht geöffneten Ladeklappe näherten, klang es aber dann doch eher wie Schnarchen. Erleichtert gingen sie weiter. An den Toilettenwagen vorbei, rings um das Küchenzelt und dann einmal an der hinteren Wand des großen Zeltes entlang. Die Notausgangsleuchte erzeugte schummeriges, grünliches Licht. Nun noch einmal ums explodierte Ufo. Die Feuerschale kam wieder in Sicht. Dort winkte schon die Ablösung. Puh, waren alle froh, dass ein trockener Schlafsack auf sie wartete. Erik brauchte keinen zweimal auffordern, ins Zelt zu gehen.

Sie hatten gerade den Eingang zum Stamm erreicht, als Leni Tim am Pulli zupfte: „Ich geh nochmal Pipi machen. Kommst du kurz mit? Im Dunkeln ist es ein bisschen gruselig." Tim hatte schon ein „Nöö" auf den Lippen, aber dann nickte er doch und marschierte mit Leni noch einmal über den Platz.

Leni bog aber nicht zu den Waschanlagen, sondern in Richtung großes Zelt ab. „Hey, was machst du denn für einen Umweg?"

„Ich habe da vorhin beim großen Zelt etwas gehört. Ich war mir aber nicht ganz sicher. Will nochmal nachschauen."

„Ich dachte, du wolltest …?"

„Quatsch mit Soße, ich muss gar nicht. Aber ich dachte, ich kann vielleicht Verstärkung gebrauchen."

Na klar, hätte sich Tim ja denken können. Die vorlaute Leni brauchte sicher keinen Begleitschutz zum Klo. Schon hatten sie das große Zelt erreicht. Leni winkte ihm zu, zum hinteren Notausgang zu kommen. Sie legte verschwörerisch den Finger auf den Mund. Das war ziemlich überflüssig, Tim hätte eh keinen Mucks gemacht. Sie hockten sich ins nasse Gras. Aus dem Zelt drang leises Gemurmel.

„Ich glaube, da telefoniert jemand", flüsterte Leni kaum hörbar.

„Aber Handys sind doch verboten", meinte Tim.

„Also ich habe meins auch mit. Im Versteck meiner Tasche. Guck nicht so erstaunt, hältst du dich immer an alle Regeln? Ist ja nur für den Fall der Fälle."

Tim blieb die Antwort im Hals stecken. Leni riss die Augen auf. Sie hörten Schritte auf dem Holzboden des Zeltes, die näher kamen. Schnell krochen beide hinter einen Stapel Bänke. Am Verschluss des Notausganges wurde geruckelt. Tim hielt den Atem an. Wären sie doch gleich ins Zelt gegangen. Sein Herz klopfte so laut, dass er fürchtete, Leni könnte es hören. Doch der Ausgang blieb verschlossen. Dafür hörten sie die Stimme nun deutlicher.

„Bin wieder da. Ich habe nur geschaut, ob der Ausgang richtig verschlossen ist. Boah, es ist echt lausig kalt heute Nacht.

Es zieht durch alle Ritzen."

„Irgendwie kenne ich die Stimme", hauchte Leni. Tim zuckte mit den Achseln und lauschte weiter dem Gespräch. Es schien wirklich ein Telefonat zu sein, denn sie hörten nur eine Stimme, dann wieder Pause.

„Die Solarier sind sehr bemüht, sie tun alles für die Königin. Doch ihr Plan ..." Eine Zeltplane raschelte im aufkommenden Wind. Nur noch Satzfetzen waren zu hören. „Sie will keine Hilfe ... hört auf niemanden ... Ich liebe sie sehr ... macht mich traurig ... kann nicht viel ausrichten ... würde am liebsten bei dir sein ... braucht Kraft ... Danke Papa ... halte dich auf dem Laufenden ..."

Leni sprang plötzlich auf die Füße, zog Tim am Ärmel und rannte weg. Nun sah Tim es auch. Die Nachtwache hatte sich auf den Rundgang begeben. Er rappelte sich hoch und rannte so schnell er konnte hinten um die Zelte herum, um sich ungesehen in den Stamm zu retten. Kurz vorm Ziel stolperte er noch über eine Abspannleine. Egal, er war eh nass und dreckig. Als er vor seinem Zelt stand, hörte er noch, wie der Reißverschluss von Lenis Zelt leise von innen geschlossen wurde. Tim war sehr dankbar, als er in den wärmenden Schlafsack kroch. Paul hob kurz den Kopf.

„Sind wir dran mit Nachtwache?", fragte er verschlafen.

„Nee, schlaf weiter." Paul ahnte ja nicht, was er alles verpasst hatte. Wer hatte da heimlich telefoniert? Jemand, der Heimweh hatte, soviel war klar. Tim fiel aber nicht ein, zu wem die Stimme gehörte.

Kapitel 23

Keine Zeit für Heimweh

Am nächsten Tag war der Himmel wie blankgeputzt. Es war schon vor dem Frühstück herrlich warm. Die feuchten Klamotten vom Vortag schaukelten im sanften Wind und trockneten.

Paul war etwas maulig, weil ihn angeblich keiner zur Nachtwache geweckt hatte. Aber nach dem vierten Schokoladentoast wurde auch seine Laune besser. Leni plauderte mit ihren Freundinnen. Sie fand es super, dass sie so viel Schokotoast essen konnte, wie sie wollte, ohne dass jemand was sagte.

„Normalerweise ernährt sich unsere Familie sehr nachhaltig. Da passt Wabbelbrot mit fettiger Schokocreme nicht so rein. Meine Schwester isst nur vegan, naja, ich bin Flexitarierin."

Tim wandte sich dem Gespräch zwischen Hans und Paul zu. Die waren begeistert, dass Erik eine Schaukelbank in die obere Ebene der Rakete bauen wollte. „Hat klar Vorteile, wenn der Stammesleiter Tischler ist." Beim Spülen diskutierten sie noch immer über den Anstrich der Außenfassade ihrer Rakete.

Die Praise Time begann mit einer schlechten Nachricht. Der Schlagzeuger hatte sich beim Handwerken die Hand geklemmt und konnte heute nicht die Sticks wirbeln lassen. Dennoch hatten sie eine geniale Zeit! Es war der vierte Tag – keiner brauchte mehr eine Einladung zum Mitmachen. Wer nicht schon heiser gesungen war, schmetterte so laut er konnte. Es wurde mitgetanzt, gestampft und geklatscht.

In den Ansagen wurden die Aktionen zum Sollar-Verdienen angekündigt. Tim wäre am liebsten gleich losgestürmt, leider kam erst mal die Stille Zeit. Schade! Es gab noch so viel an der Rakete zu tun. Aber damit war es ein bisschen wie in der Schule. Keine Planänderung!

So hockten bald alle Jungs wieder im Kreis. Heute unter der Jurte, denn auf der Raketenbaustelle lag zu viel Kram. Tim blätterte planlos in seiner Bibel. Altes Testament, neues Testament, das klang irgendwie, als ob jemand etwas zu vererben hätte. Kapitel und Verse, die sich nicht reimten ... Schien ein echt kompliziertes Buch zu sein. Auch in der Stillen Zeit lasen sie immer nur ein kleines Stückchen. Darüber redeten sie dann richtig lange. Tim hätte gerne mal gewusst, ob die anderen alle schon mal das ganze Buch gelesen hatten. Aber er traute sich nicht zu fragen.

Heute ging es um den Weihnachts-Jesus, der inzwischen erwachsen war und mit seinen Freunden voll die krassen Sachen erlebte. Petrus war sein echt guter Kumpel. Fast so wie Paul für ihn. Jesus fragte ihn in der Geschichte heute, ob er ihn lieb habe. Was für eine Frage! Wollte Jesus den heiraten oder was? Liebhaben ist doch was für Schmuse-Paare. Wobei ... stimmte nicht ganz. Papa hatte Tim lieb und Opa auch. Und das waren Männer.

Papa. Was der wohl gerade machte? In langweiligen Besprechungen sitzen? Oder hatte er gerade Mittagspause und lag am Pool des Hotels? Und Mama? Wie die es wohl mit Onkel Günther aushielt? Bestimmt hatte sie den ganzen Tag die Fenster offenstehen, damit der muffige Geruch der Wohnung sich verzog. Ob es Tante Gitti schon besser ging?

Erik knuffte ihn in die Seite: „Tim, möchtest du auch noch etwas dazu sagen?" Tim seufzte: „Äh ich? Nö." Er spürte ein bisschen Sehnsucht in seinem Bauch nach seinen Lieblingsmenschen: Mama, Papa, Opa. Wenn er doch jetzt fünf Minuten bei ihnen sein könnte. Nur einmal kurz knuddeln.

Kapitel 24

GALAXIA WIRD ZORNIG

„Trööööt!"

Galaxia erwartete bereits alle Solarier im großen Zelt. Der Captain stand etwas zerknirscht neben ihr. Er faltete nervös einen Bauplan immer wieder auf und zu. Dotti.com ließ sich vom Diener eine Schraube wieder festziehen.

„Irgendwas hat der kleine Roboter wohl immer", dachte Tim. Er mochte den kleinen tollpatschigen Blechhaufen. Er war frech, ehrlich, neugierig. Nicht der strahlendste Stern in den Galaxien, aber irgendwie gehörte er dazu.

Galaxia baute sich vor dem Captain auf und funkelte ihn an.

„Wo ist denn nun bitteschön das Problem?"

„Meine Königin, uns fehlen entscheidende Bauteile für das Startermodul."

„Ja und was? Schon mal im Internet geschaut?"

„Handys und Computer mussten zu Hause bleiben", mischte sich Dotti.com ein und bekam den erwarteten Schlag mit dem Schraubenschlüssel der Königin. Der Captain straffte die Schultern:

„Meine Königin. Die Teile sind überall ausverkauft. Sie sind so speziell, dass es auch nichts ähnlich Kraftvolles gibt, was man nehmen könnte. Aber seid gewiss, meine Königin, ich werde alles in meiner Macht stehende tun, um das Problem zu lösen." Er verneigte sich. Galaxia rollte mit den Augen.

„Meine Königin, meine Königin!", sie ahmte die Stimme des Captain nach. „Papperlapapp, ich will Erfolge sehen. Sonst bist du überflüssig. Ich werfe dich raus. Habe ich mich klar ausgedrückt?"

Erschrocken fiel der Captain auf seine Knie. „Sehr wohl, meine Königin." Galaxia gab dem Captain einen Tritt in die Magengrube. Der schrie vor Schmerz auf und rollte sich auf die Seite. Dort lag er zusammengekrümmt und wimmerte leise vor sich hin. Galaxia beachtete ihn nicht mehr. Mit zuckersüßer Stimme, die Tim noch nie von ihr gehört hatte, sprach sie zu den Solariern, die erschrocken dem Geschehen gefolgt waren:

„Meine lieben Solarier! Erweist heute eure Treue zu mir, indem ihr besonders eifrig Sollars verdient und an den Flugobjekten baut. Zur Belohnung wird es heute Nachmittag ganz besondere Köstlichkeiten für euch geben. Ich habe die besten Bäcker des Landes beauftragt, die Rührlöffel zu schwingen, damit ihr heute nach Herzenslust schmausen könnt."

Großer Jubel brach im Zelt aus. Alle strömten nach draußen. Tim warf noch einen Blick zurück auf den Captain, der sich aufgerappelt hatte und mit Tränen in den Augen am Bühnenrand saß. Dotti.com gab ihm ein Glas Wasser, das der Captain dankbar annahm. Er schaute den kleinen Roboter an, zog die Augenbrauen hoch, und etwas in seinem Blick veränderte sich.

Mit schmerzverzerrtem Gesicht stand der Captain auf. Die Hand, die der Diener ihm anbot, um ihm hoch zu helfen, wies er zurück. Er humpelte durch den hinteren Ausgang aus dem Zelt. Dotti.com und der Diener sahen ihm mitleidig hinterher.

Kapitel 25

ECHT FIES!

„Tim, wo bleibst du denn? Wir brauchen Vierer-Teams. Beim Schwimmnudel-Kämpfen kann man richtig viele Sollars absahnen.“

Alle schnappten sich schnell ihre Badesachen, um dann auf einer rutschigen Plane mit Schaumstoffwürsten und Gummiball eine Art Golf zu spielen. Erster Platz für Orange! Das gab richtig fett Sollars! Für den nächsten Batzen der galaktischen Währung mussten sich die Jungs echt überwinden. Es wurde ein Tanz eingeübt. Voll peinlich, auch wenn es Riesenspaß machte. Für jeden Jungen, der überredet werden konnte mitzutanzen, gab es die dreifache Menge Sollars. Als Hans dann noch kurz vor dem Mittagessen-Tröööt beim Glücksraddrehen den Jackpot abräumte, war der orangene Stamm der reichste des Platzes. Tschacka!

Es war inzwischen richtig heiß geworden. Alle Seitenwände des großen Zeltes waren hochgerollt, aber das brachte kaum Kühlung. Alle fächelten sich mit ihren Tellern Luft zu. Zumindest so lange, bis diese mit knusprigen Bratkartoffeln und Würstchen gefüllt waren.

Die Wassermelone zum Nachtisch war herrlich erfrischend und eiskalt. Leni quietschte laut auf, als Tim ihr übermütig ein Stück abgeknabberte Schale von hinten ins Shirt rutschen ließ. Im Stamm Gelb schrie plötzlich noch jemand auf. Eine Wespe hatte zugestochen. Schnell wurde das Kind mit einer rohen Zwiebel versorgt. Zum Glück war der Stich am Fuß und nicht im Gesicht. „Dass es in den fernen Galaxien Wespen gibt – Unverschämtheit!“ Leni rollte mit den Augen und versuchte ganz still zu sitzen, damit sich die Wespe, die gerade um ihren Tisch surrte, bloß nicht aufregte.

Direkt nach der Mittagspause wurde die Wasserrutsche geöffnet. Was für eine herrliche Erfrischung! Selbst das Werkstattteam ließ es sich nicht nehmen, die glitschige Schräge hinabzusausen. Vom Funkturm aus konnte man beobachten, wie im großen Zelt alles für den versprochenen Kuchenschmaus vorbereitet wurde. Immer wieder kam ein Auto oder eine Radfahrerin vorbei und lieferte Gebäck ab. Die Zeltwände wurden wieder heruntergelassen.

„Tröööt!"

„Juhu! Auf zur großen Kuchenschlacht!" Alle Stämme schnappten sich eifrig ihre Geschirrbeutel. Weil es so warm war, brauchten sie sich noch nicht einmal umzuziehen. Der Kuchenberg, der sie im Zelt erwartete, war einfach gigantisch. Jede Menge kunstvoll verzierte Muffins, Bleche mit Streusel-, Apfel-, Kirsch- und Quarkkuchen. In großen Kühlschränken konnte man Torten entdecken. Die wären sonst auf dem Buffet gewiss zerlaufen bei der Hitze. Das Küchenteam stand feierlich bereit, den Solariern die Köstlichkeiten zu servieren. Alle scharrten mit den Schuhen auf dem Boden. Welcher Stamm würde wohl zuerst in den Genuss kommen, sich die Bäuche vollzuschlagen?

Zu ihrem Erstaunen betraten die grünen Glupschaugen-Männchen ebenfalls das Zelt. Sie bauten sich wie Leibwächter vor dem Buffet auf. Sie verschränkten die Arme, und die Glupschaugen musterten jeden der Solarier genau. Der Diener schob den hinteren Eingang auf. Galaxia rauschte ins Zelt. Der Captain wedelte ihr mit einem großen Fächer kühle Luft zu. Dotti.com überholte die Gruppe und bekam einen Schlag mit dem Schraubenschlüssel, als er es wagte, an dem Apfelkuchen zu schnuppern.

„Solarier!“, tönte Galaxias Stimme. Dieses Mal wieder glasklar und eiskalt. „Wie ihr seht, habe ich mein Wort gehalten. Seht, staunt und genießt die Köstlichkeiten, die hier aufgetragen sind.“

Jubel ließ die Zeltwände wackeln. „Super!“, freute sich Dotti. com, „es ist genug für alle da!“

„Was heißt hier alle?“, der Captain räusperte sich. „Nur für die Besten, Schönsten und Klügsten. So hat es die Königin befohlen.“

Der Diener kniete sich vor Galaxia nieder: „Meine Königin, ich bitte Euch, habt ein weites Herz. Alle Solarier haben das Beste für Euch gegeben. Es ist Kuchen in Fülle da. Ich bitte Euch, lasst alle an dem Festmahl teilhaben.“

„Wer hat dich denn nach deiner Meinung gefragt?“ Galaxia hob drohend den Schraubenschlüssel. „Du hast hier gar nichts zu melden! Geh mir aus den Augen!“

Der Diener erhob sich und trat zur Seite. Galaxia wandte sich an den Captain: „Sag, welcher Stamm hat heute Morgen die meisten Sollars ergattert?“

„Orange!“, Tim stieß einen Siegesschrei aus. Der Captain nickte.

„Orange hat mit Abstand die meisten Sollars.“

„Gut so! Dann könnt ihr später viel wertvolles Material kaufen. Das wird eure Rakete ein ganzes Stück weiterbringen.“ Galaxia setzte ein zuckersüßes Lächeln auf. „Nachdem wir das Zelt hier gesäubert haben, darf sich der orangene Stamm zuerst an den Köstlichkeiten bedienen.“

„Was meint sie denn mit säubern?“, wunderte sich Leni. „Der Tischdienst hat doch gründlich gefegt und die Tische abgewischt.“ „Psst!“, kam es von den anderen.

Der Captain holte einen Zettel hervor und begann vorzulesen: „Solarier. Die Königin hat Folgendes angeordnet: Nur makellose Solarier dürfen sich am Kuchen bedienen. Die grünen Männchen werden genau kontrollieren. Alle, die nicht perfekt sind, verlassen nun umgehend das Zelt. Ihr dürft es erst heute zum Abendessen wieder betreten."

Die Kinder sahen sich verwundert an. Keiner rührte sich. Da brüllte der Captain los, dass er rot anlief und seine Halsschlagader hervortrat: „Seid ihr schwerhörig? Raus mit euch, ihr Unperfekten!"

Die Kinder und Mitarbeiter sahen sich ratlos an. Dotti.com schepperte los. „Ich werde mal etwas genauer. Alle, die einen Verband oder ein Pflaster tragen. Raus!"

Ungläubig schauten sich die betroffenen Solarier um und gingen zögernd aus dem Zelt. „Nun alle mit Brille oder aufgekratzten Mückenstichen!", fuhr Dotti.com fort. „Alle mit Sonnenbrand, Pickeln, blauen Flecken."

„Ist ein Scherz, oder?" Tim war, wie alle anderen, fassungslos. Was sollte das? Sie waren doch Teams. Aber der strenge Blick von Galaxia brachte alle zum Schweigen: „So, nun darf Orange als erster Stamm ans Buffet. Guten Appetit! Captain, regeln sie alles Weitere, mir ist es hier zu warm."

Galaxia verließ das Zelt wieder durch den hinteren Ausgang. Die übrig gebliebenen Kinder vom Stamm Orange stürmten los. Vorbei an den grünen Männchen. Sie luden sich die Teller bis zum Rand voll. Tim ergatterte ein Stück Himbeer-Sahne-Torte.

Als er wieder zu seinem Platz wollte, sah er, dass sich ein grünes Männchen vor Leni aufgebaut hatte. Es glotzte sie eindringlich an. Beide wechselten ein paar Sätze, dann warf Leni ihren noch leeren Teller auf den Boden und verließ mit Tränen in den Augen das Zelt.

„Was war denn da los?", Tim fragte die anderen Jungs, die schon fröhlich Kuchen und Torte in sich rein schaufelten. Die zuckten nur mit den Achseln und mampften weiter.

Das pummelige Mädchen sagte mit vollem Mund: „Üsch wegn de Zahspnge."

„Hä?"

„Wegen der Zahnspange musste Leni raus. Mann bin ich froh, dass ich meine nur nachts tragen muss."

Ein Biss in einen Schoko-Muffin ließ das weitere Gemurmel von ihr unverständlich werden. Tim verging schlagartig der Appetit. Er stocherte lustlos an der Torte herum. Wie gemein von der Königin. Was konnte Leni denn bitteschön dafür, dass sie eine

Zahnspange brauchte. Tim hoffte, dass sich bald alles aufklären würde, und zumindest, nachdem alle satt waren, die anderen noch etwas abbekämen. Aber nichts dergleichen geschah. Er sah die Gruppe der Ausgeschlossenen im Schatten der Wasserrutsche sitzen. Die Stimmung dort schien recht bedrückt.

„Ist da noch ein Platz frei?“

Tim schreckte aus seinen Gedanken hoch, als er angesprochen wurde. Es war der Diener, der sich mit einem Stück Käse-Sahne-Kuchen auf den freien Platz neben ihm setzte. Die Gespräche am Tisch verstummten sofort. Alle schauten neugierig zu dem unscheinbaren Mann mit den gegelten Haaren. So nah war er ihnen noch nie gewesen. Das Kuchenstück war schon fast verspeist, da traute sich Paul, eine Frage an den Diener zu stellen:

„Ähm, Herr Diener, darf ich mal etwas fragen?“

„Aber sicher!“, der Diener lächelte in die Runde und wischte sich einen Krümel aus dem Mundwinkel.

„Darf die Königin einfach bestimmen, wer hier dabei sein darf und wer nicht? Ist Königin Galaxia wirklich die mächtigste Herrscherin der Galaxien?“

„Sieht fast so aus“, kam die Antwort.

Paul fragte weiter: „Warum ist sie so bösartig? Wir tun alles, um ihr zu gefallen, aber es scheint irgendwie nie zu reichen.“

Der Diener nickte: „Galaxia ist nicht glücklich. Sie fühlt sich nicht geliebt. Ihr Netzwerkmodul verhindert, dass sie selbst lieben und vertrauen kann. Sie will alles perfekt haben. Sie möchte dem Schöpfer des Universums gefallen. Sie will ihn treffen und gut vorbereitet sein.“

Hans nickte eifrig: „Ja! Deshalb bauen wir ja auch eine Rakete für sie. Wir wollen ja gehorchen und ihr helfen …“

Der Diener schüttelte traurig den Kopf: „Galaxia will sich von niemandem helfen lassen. Sie vertraut keinem. Aber das muss sie, wenn sie ihr Ziel erreichen will. Darüber ist sie sehr wütend. Auch ich biete meine Hilfe immer wieder an. Aber sie lehnt ab."

„Warum bist du dann immer noch ihr treuer Diener?", wunderte sich das pummelige Mädchen.

„Ich liebe Galaxia. Es ist noch nicht zu spät. Ich will ihr immer wieder eine Chance geben."

„Auch, wenn sie so fies ist und alle mit Macken vor die Tür setzt?"

Der Diener zog die Schultern hoch und seufzte: „Auch dann. Befehl ist Befehl. Wir sollten uns daran halten. Sie ist die Königin."

Tim nahm allen Mut zusammen und sagte leise aber deutlich: „Nein."

Auch Hans setzte sich gerade hin: „Ich werde dieses Unrecht nicht mitmachen. Da draußen sitzen unsere Freunde."

„Was schlägst du vor?", der Diener sah Hans direkt in die Augen.

Der war sofort verunsichert: „Ja, also, ich äh, weiß nicht recht."

Lenis Freundin hatte den Vorschlag, alle sollten sich nochmal Kuchen holen und den aus dem Zelt schmuggeln. „Das wird nicht klappen", meinte Paul. „Seht nur, die grünen Männchen kontrollieren an den Ausgängen."

Tim hatte einen genialen Einfall. „Wenn das Küchenteam den Kuchen abgeräumt hat, schleichen wir uns an den hinteren Küchenzelteingang und bitten um die Reste. Meine Patentante arbeitet im Küchenteam mit. Das klappt bestimmt."

„Wir könnten den Kuchen bei den Waschrinnen deponieren. Da kann keiner so leicht hinschauen. Ist ja alles mit Planen verhängt."

„Ja, oder in den Toilettenwagen. Da kann man sogar die Tür verriegeln.“

Das pummelige Mädchen hielt es für eine super Idee, aber alle anderen fanden das eklig. Also doch bei den Waschrinnen. Gleich sollte Zeit zum Einkaufen im galaktischen Einkaufszentrum und zum Weiterbauen an den Flugobjekten sein. Da würden sowieso alle kreuz und quer über den Platz wuseln und die Aktion könnte gelingen. Der Diener erhob sich.

„Wirst du uns helfen?“, Erik schaute den Diener fragend an. Der zuckte mit den Achseln.

„Ich glaube, ihr schafft das auch alleine. Aber ich könnte die Königin ein wenig ablenken. Sie möchte eine neue Frisur ausprobieren. Das könnte etwas länger dauern. Passt nur auf, dass Dotti.com euch nicht bemerkt. Der petzt gerne. Viel Erfolg wünsche ich euch.“

Mit diesen Worten verließ er den Tisch. Einige Kinder der anderen Stämme versuchten, Kuchen, der einfach nicht mehr in ihren Bauch passte, mit aus dem Zelt zu schleusen. Die grünen Männchen sahen mit ihren drei Glupschaugen erstaunlich viel. Sie kassierten die Reste ein, um sie in der Abfalltonne zu versenken. Schade um den schönen Kuchen.

Kapitel 26

EIN WAGHALSIGER PLAN

„Tröööt!" – Zeit zum Einkaufen und Bauen.

Tim würde heute beim „Einkaufstrupp" dabei sein. Er hatte sich schon eine genaue Liste gemacht und Tipps geben lassen, wo er in dem großen schwarzen Zelt die entsprechenden Dinge finden würde. Das dreizehnjährige Mädchen aus Lenis Zelt würde zum Rechnen mitkommen. 690 Sollars hatte der Stamm zur Verfügung. Dafür sollte man schon ordentlich was bekommen.

Zunächst gingen aber alle zu den „Ausgestoßenen". Die hatten sich inzwischen damit abgefunden, keinen Kuchen abzubekommen. Einigen Kindern sah man an, dass sie geweint hatten. Damit die Idee, doch noch Kuchen für sie zu besorgen, nicht aufflog, war Stillschweigen vereinbart worden, bis sicher war, dass der Plan gelang. Leni erhob sich aus dem Gras, zog den Schnodder durch die Nase hoch und verkündete, dass sie heute den Akkuschrauber als erstes benutzen würde. Da es eine Feststellung und keine Frage war, widersprach keiner.

Damit das Gewusel nicht zu groß wurde, rief der Captain vom Funkturm aus per Megafon den Stämmen zu, wann sie zum Einkaufen losdurften. Als erstes war Rosa dran. Also blieb Zeit, sich um die Kuchenreste zu kümmern. Der Plan war gut abgesprochen. Um keinen Verdacht zu erregen, würde Erik mit vier Kindern an der Rakete schrauben. Drei weitere Kinder verteilten sich auf verschiedene Posten. Tim schlenderte unauffällig zum Küchenzelt. Dort war Tante Conny dabei, Paprika zu schneiden. Tim fing wie zufällig ein Gespräch mit ihr an:

„Hi, Tante Conny. War schon 'ne mega leckere Aktion heute Nachmittag."

„Stimmt! Bist du satt geworden?"

„Ein Muffín, einmal Himbeer-Sahne-Torte, zweimal Apfelkuchen, zwei Schokoküsse und ein Mandelhörnchen. Weiß gar nicht, ob ich bis zum Abendessen schon wieder Appetit habe."

„Ach klar, jetzt wird ja erst mal eifrig gezimmert."

Tim schmeichelte: „Euer Flugobjekt kommt auch voran? Warum habt ihr es eigentlich hinter einer Plane versteckt?"

Tante Conny sah nicht von ihren Paprikaschoten auf: „Spionage-abwehr! Damit keiner unsere guten Ideen klaut."

Tim nickte: „Unsere Rakete sieht aber auch schon ganz gut aus."

Kurz schaute Tante Conny hoch: „Ich bin froh, dass die Werkstatt uns unterstützt, heute wollen wir die Kommandobrücke verglasen."

Tim sagte möglichst beiläufig: „Cool! Sag mal, gibt es eigentlich noch Reste vom Kuchen?"

Tante Conny nickte. „Die Torten sind alle, aber fünf Bleche Kuchen haben wir mindestens noch übrig, und im Kühlschrank sind sieben Packungen Schokoküsse."

Tim holte kurz Luft und wagte die entscheidende Frage: „Kann ich vielleicht noch etwas haben?"

Tante Conny runzelte die Stirn: „Sagtest du nicht eben, du bist pappsatt?"

Tim wurde rot: „Ist nicht für mich, sondern für die Ausgestoßenen."

Der Gesichtsausdruck von Tante Conny veränderte sich: „Das ist verboten", meinte sie knapp und schaute Tim dabei streng an.

Tim startete einen weiteren Versuch: „Aber es sind doch nur die Reste. Es hätte locker für alle gereicht. Bei der Wärme ist es doch besser, den Kuchen gleich zu essen, ehe er verdirbt."

„Dann bekommen es eben die Schweine." Tante Conny schnippelte weiter an den Paprikaschoten herum.

Tim versuchte es erneut: „Könntest du mir nicht vielleicht wenigstens ein Blech für die anderen geben?"

Ein strafender Blick traf ihn: „Wenn das bemerkt wird, gibt es richtig Ärger!"

„Bitte, Tante Conny, sei doch nicht so."

„Also, ich weiß nicht."

„Bitte!"

Tante Conny ließ das Messer sinken und überlegte: „Okay, ich verrate dir, wo die Bleche stehen. Aber sonst will ich nichts damit zu tun haben."

Tim war erleichtert: „Du bist ein Schatz! Danke."

Tante Conny zuckte mit den Achseln: „Nimm dir ein Blech weg. Ich sortiere dann nachher etwas um, dann merkt es keiner."

Tim bekam genaue Anweisungen, wie er unauffällig ins hintere Teil des Küchenzeltes gelangen würde und wo die Köstlichkeiten standen. Mit Herzklopfen schlich er ums Zelt herum. Er duckte sich kurz hinter die Eistruhe, als ein Mitarbeiter sich von Tante Conny ein Pflaster aushändigen ließ. Die Kuchenbleche waren schnell zu finden. Sie waren mit Geschirrhandtüchern abgedeckt. Ein paar Wespen versuchten vergeblich, unter den Stoff zu kommen, durch den es duftete.

Tim atmete tief durch. Er lief geduckt um den großen Tisch, der in der Mitte des Zeltes stand, herum. Fast wäre er über einen Suppentopf gestolpert, der ein bisschen aus dem Regal lugte. Dann war er am Ziel. Er schnappte sich das erstbeste Blech, packte noch eine Packung Schokoküsse darauf und trat dann den Rückzug an. Vorbei an den Mülltonnen, auf der Straße bis zu den Waschgelegenheiten … so war der Plan. Doch als er um die Gelbe Tonne bog, stand er plötzlich genau vor der Köchin, die gerade Kartons zerkleinern wollte. So ein Mist!

„Hey, Bürschchen, wohin des Weges?"

Weglaufen war zwecklos. Außerdem trug Tim das orangene Stammesshirt. Die Köchin hätte ihn schnell aufgespürt.

„Was hast du da? Kleiner Dieb?"

Naja, das war wohl ganz offensichtlich, also gab Tim zu, dass er den Kuchen gemopst hatte, um die Ausgestoßenen zu versorgen. Die Köchin stemmte die Hände in die Hüften und legte die Stirn in Falten.

„Das Verlassen des Platzes ist verboten. Erstens. Zweitens: Die Ausgestoßenen bekommen keinen Kuchen. Befehl der Königin. Was das Blech in deinen Händen betrifft: Gemopst nennst du das? Ich würde sagen, du hast geklaut. Glaubst du, ich werde dich einfach so gehen lassen?"

Sie zupfte an dem Geschirrhandtuch, das sie über die Schulter geworfen hatte. Ein schwarzer Knopf kam darunter zum Vorschein. Tim wurde weich in den Knien.

Er stammelte: „Aber wenigstens habe ich dich nicht angelogen."

„Oh! Dafür gibt es mildernde Umstände oder was?"

Tim merkte, dass die Köchin richtig sauer war. Er stammelte: „Ich werde den Kuchen sofort zurückbringen."

„Ach, ich denke, du wolltest den Ausgestoßenen helfen? Ich werde das wohl dem Captain melden müssen."

Tränen traten in Tims Augen. „Bitte! Bitte nicht, dann werde ich sicher auch ein Ausgestoßener, Galaxia bestraft mich."

„Wäre ja nur gerecht." Die Köchin war eiskalt.

Tim wurde ganz verzweifelt: „Aber die anderen!"

„Ach ja? Jetzt sind die anderen schuld? Du alleine trägst die Verantwortung für das, was du tust. Also bereust du es wenigstens?"

Tim schluckte und nahm allen Mut zusammen: „Nein. Denn es ist wichtiger, sich um seine Freunde zu kümmern, als unsinnige Befehle zu befolgen." Er senkte den Blick und wartete auf die Beschimpfung, die jetzt kommen würde.

Die Köchin räusperte sich und sagte etwas Unerwartetes. „Welchen Preis bist du bereit zu zahlen, damit du den Kuchen haben kannst, und ich nichts dem Captain verrate?"

„Also ich, also …" Tim überlegte fieberhaft: „Ich könnte morgen beim Frühstückvorbereiten helfen. Oder Töpfe schrubben."

Die Köchin lachte auf: „Dafür habe ich mein Team, aber ich habe eine Idee. Du gibst mir Sollars, damit wir die Scheinwerfer für unser Ufo kaufen können."

„Ist das dein Ernst?" Tim schaute ungläubig.

„Das ist mein Angebot: Ich verrate dich nicht, doch das hat seinen Preis: Orange ist der Stamm mit den meisten Sollars. Ich will die Hälfte."

Tim schnappte nach Luft. Ungerührt fuhr die Köchin fort: „Ich gebe dir fünf Minuten. Wenn die Sollars dann nicht hier sind, gehe ich zum Captain. Die Zeit läuft ab jetzt."

Sie nahm Tim das Kuchenblech ab und verschwand im Küchenzelt. Tim raste so schnell wie sein Herz klopfte – also fast in Überschallgeschwindigkeit – zum Stamm.

„Da bist du ja, Tim! Wir dürfen gleich shoppen gehen. Sechs Stämme waren schon dran, bleiben noch zwei übrig."

Erik hatte schon die anderen Kinder des Stammes um sich gesammelt. „Stamm Rot!", tönte es vom Funkturm. „Puh, Glück gehabt", dachte Tim.

Laut sagte er: „Solarier, ich stecke voll in der Patsche. Wenn die Köchin petzt und verrät, was ich gemacht habe, können ich und wahrscheinlich der ganze Stamm, einpacken. Es ist jetzt keine Zeit für Erklärungen. Nur so viel: Ich brauche die Hälfte unserer Sollars, um mich freizukaufen, sonst bin ich geliefert."

Das pummelige Mädchen reagierte als erste: „Die Hälfte? Sag mal, spinnst du? Wovon sollen wir dann Material kaufen?"

Tim rang mit den Händen: „Bitte! Vertraut mir. Ich will das nicht für mich …"

Erik legte den Beutel, der prall mit den Sollars gefüllt war, in die Mitte: „O. K. Ich habe verstanden. Es muss schnell gehen. Eine Entscheidung muss her. Wir stimmen ab. Vertrauen wir Tim die vielen Sollars an oder soll er die Suppe alleine auslöffeln? Arm hoch, wer ist dafür, dass Tim die Sollars, die er braucht, bekommt?"

Einige Kinder hoben zögernd die Hand. Andere verschränkten unschlüssig die Arme.

Nun mischte sich Leni ein: „Hey Leute, das ist nur Geld. Wir können Tim doch nicht hängen lassen!"

Zwei weitere Kinder meldeten sich. Erik zählte die erhobenen Arme.

„Knapp. Aber wir sind nicht ganz vollständig. Okay Tim, du bekommst, was du brauchst."

Erik schüttete die Sollars auf einen Haufen und füllte dann die Hälfte in den Beutel zurück, um ihn Tim zu geben.

„Danke Freunde!", stammelte Tim, schnappte sich den Beutel und rannte zum Küchenzelt. Die Köchin erwartete ihn bereits.

„Sieh mal einer an, das ist aber ein hübsches Sümmchen. Du kannst dir zwei Bleche Kuchen holen, aber dann verschwinde. Unauffällig!"

Das ließ sich Tim nicht zweimal sagen. Er schleppte beide Bleche zu dem Gebüsch, wo er von seinen Helfern schon ungeduldig erwartet wurde. „Wir dachten schon, du kommst gar nicht mehr!"

Die Helfer schnappten sich die Köstlichkeiten, um sie, wie verabredet bei den Duschrinnen zu deponieren. Dann eilten sie zum Stamm zurück. Gerade rechtzeitig, da ihr Stammesname aufgerufen wurde. Tim zog mit dem Einkaufstrupp los. Die anderen schlenderten wie zufällig zu den anderen Stämmen. Dort verkündeten sie, dass die Unperfekten sich unauffällig die Hände waschen sollten, da sonst eine weitere Strafe der Königin drohen würde. So sah man einen nach dem anderen hinter den Abtrennungen der Waschecken verschwinden. Es dauerte, bis sie wieder mit breitem Grinsen zurückkehrten. Die Hände waren sauber. Krümel im Mundwinkel oder Schokoladenflecken auf dem Shirt ließen erkennen, dass sie die Kuchenbleche gefunden hatten. Kurz vor dem Abendessen-Trööööt verschwand auch die Köchin in der Waschanlage. Sie kam mit leeren Blechen in den Händen zurück. Das grüne Männchen, das sie daraufhin neugierig beäugte, beachtete sie einfach nicht.

Obwohl der Einkauf viel üppiger hätte ausfallen können, waren die Materialien, die Orange gekauft hatte, reichlich. Sie schafften es nicht, alles bis zum Abendessen zu verbauen. Überall nahmen die Flugobjekte deutliche Formen an. Dotti.com rollte immer wieder über den Platz, um sich zu informieren, wie weit die Baufortschritte waren.

„Trööööt!"

Nach dem Abendessen gab es noch ein Konzert von einer Band, die extra angereist war. Es wurde mitgesungen, getanzt und geklatscht. Die Stimmung war gut und wurde noch besser, als die Köchin kurz vor dem Schlafengehen die letzten Kuchenstücke zum Futtern freigab.

Tim schnappte sich Leni noch einmal, bevor alle in ihre Zelte krochen: „Danke, dass du mir vertraut hast und dich vorhin für mich eingesetzt hast."

Leni erwiderte: „Ich danke dir im Namen aller Ausgestoßenen, dass ihr uns nicht vergessen habt. Die Königin hat echt einen Sockenschuss."

Schwupps war sie im Zelt verschwunden. „Gute Nacht", murmelte Tim ihr leise hinterher. Er wollte gerade ins Zelt schlüpfen, als er das kleine rote Licht einer Drohne sah, die sich gerade entfernte.

Kapitel 27

Dotti.com ist in Gefahr

Der Captain saß am Tisch und hatte den Kopf auf die Hände gestützt. Dotti.com wuselte um ihn herum. Der Diener polierte die Tischfläche.

„Was hat er nur, der Captain? So einen schweren Kopf, dass er ihn festhalten muss?"

Der Diener legte den Lappen zur Seite und beugte sich zu Dotti.com herunter. „Ich fürchte, du bist in Gefahr, kleiner Dotti.com."

„Ich? Blechwech nochmal! Wieso denn?"

„Der Captain hat etwas entdeckt. Genau das, was ihm für das Startermodul noch fehlt. Das entscheidende fehlende Schräubchen ist bei dir zu finden."

„Bei mir?" Dotti war erstaunt: „Ja, dann kann ich es der Königin doch geben!"

Der Diener schüttelte den Kopf: „Das geht leider nicht. Die Schraube sichert dein Netzwerkmodul. Wird sie entfernt, funktionierst du nicht mehr."

Dotti.com klappte sein Visier runter: „Blechwech nochmal. Na, dann lassen wir das lieber!"

„Die meisten von uns haben so eine lebenswichtige Schraube. Einige haben stattdessen einen schwarzen Knopf."

Dotti.com öffnete das Visier ein wenig: „Stimmt, bei den Mitarbeitern habe ich die schon bemerkt. Dotti dachte immer, das wären Überwachungskameras. Das glauben zumindest einige Solarier."

Der Diener lachte: „Die Königin hat ihre Spione, da braucht sie keine Kameras."

„Ach so?", Dotti.com wunderte sich. „Was hat der Captain nun für Sorgen?"

„Er muss sich entscheiden: Die Königin zu enttäuschen oder dir die lebenswichtige Schraube wegzunehmen." Dotti.com schepperte vor Schreck auf, klappte sein Visier herunter und flüchtete in die Dunkelheit.

Müde vom Bauen und nach einer Runde spannender Rätselgeschichten am Lagerfeuer trotteten alle nach dem Zähneputzen zu ihren Zelten. Paul hatte ein wenig Bauchweh von den vielen Leckereien heute. Hans hatte immer noch neue Ideen für das Raumschiff. Da wurde es mit einem Mal taghell. Ein großer Scheinwerfer beleuchtete Galaxia, die auf der Spitze des Funkturmes stand. Sie beorderte alle noch einmal in das kaputte Ufo. Leni schaute auf ihre Uhr. „Es ist schon gleich halb elf!", verkündete sie. „Scheint ja sehr wichtig zu sein, so kurz vor der Nachtruhe."

Galaxia verkündete, dass Dotti.com verschwunden sei. Sie gab den Befehl, ihn umgehend zu suchen und zu ihr zu bringen. Es erhob sich lautes Gemurmel. War das ernst gemeint? Mitten in der Nacht? Doch dann sahen sie, dass Erik seine Turnschuhe wieder anzog und einen Kapuzenpulli über den Schlafanzug zog. Tim war wieder hellwach. Die Stämme strömten in alle Himmelsrichtungen aus. Mit Taschenlampen bewaffnet zogen sie über die dunkle Wiese direkt in den Wald. Kleine Knicklichter zeigten den Weg.

Nach einer halben Stunde hatten sie den vor Aufregung stotternden Dotti.com gefunden. Irgendeine Schraube wollte er behalten. Sie mussten lange auf ihn einreden, mit ihnen mitzukommen. Die Knicklichterspuren hatten sie eingesammelt.

Im Dunkeln sahen alle Bäume und Wege irgendwie gleich aus. Sie irrten ein bisschen im Kreis und fanden mehr zufällig den richtigen Trampelpfad zum Lager.

Der Diener nahm Dotti.com in Empfang. Die Gruppe wurde mit einem großen Sack Sollars belohnt. Galaxia hatte das alles zu lange gedauert, sie war schon schlafen gegangen. Die Solarier waren sich wortlos einig: Nur schnell in die Schlafsäcke. Erik schnarchte bereits nach drei Minuten.

Kapitel 28

DIE ZEIT DRÄNGT

Tim fühlte sich wie das Würstchen in einem Hot Dog. Puh, war das warm. Es war noch dunkel. Es roch komisch. Er streckte sich und stieß gegen etwas Weiches. In der Finsternis konnte er nicht erkennen, was es war. Er strampelte mit den Beinen und schaute an sich herab. Unter seinen Füßen war etwas Helles zu erkennen. Tim setzte sich auf, er bekam schlecht Luft. Er wollte den Schlafsack abstreifen, doch wie ein Kissen drückte sich das Weiche in sein Gesicht. Jemand will mich ersticken! Erschrocken begann Tim mit den Füßen zu strampeln. Da wurde es sofort hell.

Oh nein! Tim hatte nachts so heftig gewühlt, dass er tatsächlich falsch herum im Schlafsack lag. Es war bereits heller Tag. Er blinzelte um sich und sah nur leere Schlafsäcke. Wo waren denn alle? Warum hatte ihn keiner geweckt? Schnell schlüpfte er in Shorts und sein orangenes Shirt, das noch kräftig nach dem Lagerfeuer von gestern roch. Die anderen saßen sicher schon beim Frühstück. Schnell hinterher. Tim ergatterte den Rest vom Schokomüsli. Dann kamen schon die Ansagen für den Tag: „Heute Abend müssen die Raketen fertig sein. Nach dem Abendessen wird Galaxia durch das Lager gehen und entscheiden, welcher Stamm die Ehre haben wird, mit ihr zu fliegen."

Der Captain sprach mit ernster Stimme. Der Diener neigte sich zu ihm. Er erkundigte sich, ob es eine Chance gab, das Startermodul bis dahin fertig zu haben. Da schüttelte der Captain traurig den Kopf. Er sagte müde: „Entweder schaffe ich es heute, die fehlende Schraube zu bekommen, oder … darüber will ich lieber nicht nachdenken."

„Captain!“, tönte Galaxias Stimme von draußen. „Sofort herkommen!“ Der Captain setzte sich in Bewegung.

„Morgen ist unsere letzte Stille Zeit.“ Erik schaute in die Runde. „Ich freue mich, dass wir so viel Zeit fürs Bibellesen und für gute Gespräche hatten. Ihr seid eine klasse Truppe. Morgen beim Abschied wird jeder von euch eine CD mit Fotos der letzten Tage und Andachten mitbekommen. Dann könnt ihr zu Hause noch eine weitere Woche Stille Zeit für euch machen.“

Paul meinte: „Vielleicht können wir morgen auch gar keine Stille Zeit machen.“

Alle sahen ihn fragend an. „Naja, ich finde, unsere Rakete sieht ziemlich siegerverdächtig aus. Galaxia wählt bestimmt unsere Rakete als Sieger aus. Dann sind wir mit ihr in ferne Galaxien unterwegs und begegnen dem Herrscher des Universums.“

„Ja, aber ist das denn nicht Gott?“, fragte ein Junge.

Der andere meinte: „Ja, in echt schon, aber ich meine den in unserer galaktischen Geschichte!“

Hans meinte: „Ich finde es cool, dass wir in echt immer mit Gott reden können. Wir können ihn auch ohne Rakete kennenlernen.“ Eifriges Nicken.

„Ja, und ohne perfekt sein zu müssen.“

„Stimmt!“ Tim grinste: „Du mit deinen zwanzig Mückenstichen hättest sonst schlechte Karten.“ Er tippte seinem Nachbarn auf den Arm, an dem ein ganzes Heer von Mücken gefrühstückt hatte.

Der Junge schlug Tims Hand weg: „Nicht anfassen! Berührt man einen, jucken alle Stiche gleichzeitig.“

Der Junge schmierte sich Spucke auf den dicksten Mückenstich, was aber wenig zu helfen schien. Erik ergriff das Wort, ehe alle von ihren nächsten Wunden oder Mückenstichen erzählen konnten.

„Lasst uns mal im Neuen Testament Johannes 14, Vers 6 aufschlagen. Dort steht, wie man ganz ohne Rakete zum Herrscher des Universums kommen kann."

Alle begannen eifrig in den Bibeln zu blättern. Tim fand die Seite nicht. Die anderen lasen schon. Tim beschloss, das Suchen zu lassen. Gleich würden sie ohnehin über das Gelesene sprechen. Er beugte sich wichtig über seine Bibel, dachte aber nur darüber nach, ob die Entscheidung, der Rakete einen orangenen Anstrich zu geben, wohl die richtige war. Er war eher für Silber, aber diese Farbe war unsagbar teuer. Lenis Vorschlag, goldene Folie wie einen Feuerschweif aussehen zu lassen, fand er gut. Galaxia mochte schließlich Glitzer. Ach, wenn sie doch schon den Wettbewerb gewonnen hätten!

Erik stand auf. „So, nach den Ämtern wird bis zum Mittagessen gebaut. Vier Leute dürfen noch beim Planetenspiel Sollars verdienen. Heute gibt es im galaktischen Kaufhaus alles zum halben Preis. Das müssen wir ausnutzen."

„Willst du nicht noch mit deinem Papa im Himmel sprechen?", wunderte sich Tim.

„Schnarchnase, haben wir doch gerade!", lachte Paul.

„Hast wohl geträumt, oder was?"

Tim schüttelte den Kopf: „Quatsch, war Spaß."

Tim hatte den Eindruck, dass er eben etwas verpasst hatte. Egal, die Rakete sollte fertig werden. Er schnappte sich einen Farbeimer, kletterte auf der angestellten Leiter bis zur zweiten Ebene der Rakete und begann mit dicken Pinselstrichen die orangene Farbe aufzutragen.

„Hey, kannst du Hilfe gebrauchen?“

Leni steckte ihr Gesicht durch eine Fensteröffnung. Sie war im Innern des Turmes hochgekrabbelt. Tim erschreckte sich und hätte ihr fast ins Gesicht gemalt.

„Bin gleich fertig. Es lohnt nicht mehr, einen Pinsel dreckig zu machen.“ Leni nickte. „Na, dann werde ich schon mal die Folie antackern, bis gleich Kumpel!“

Tim mochte es, wenn sie ihn Kumpel nannte. Sie war echt klasse, obwohl sie ein Mädchen war. So eine als Schwester, das wär's doch! Schade, dass sie so weit weg wohnte. Tim war froh, dass er nichts von seinem gefundenen Zwei-Euro-Stück gesagt hatte. Das hätte die Freundschaft sicher kaputt gemacht. Er gab Leni jedes Mal etwas ab, wenn er sich eine süße Tüte gekauft hatte. War ja auch irgendwie eine Entschuldigung, dachte er. So, der letzte Pinselstrich, dann noch schnell eine Runde zum Planetenwerfen. Die Zeit verging immer viel zu schnell.

Kapitel 29

DAS STARTERMODUL MUSS FERTIG WERDEN

„Trööööt!" – Mittagessen.

Tim war dran mit Essenholen. Er hatte etwas Angst, der Köchin zu begegnen. Er zog seine Schirmmütze fast bis auf die Nasenspitze. Die Köchin war mit Reis-Auffüllen beschäftigt. Sie erkannte ihn nicht. Der Dampf, der aus dem Topf stieg, hatte ihre Brille beschlagen. Glück gehabt!

Inzwischen verdeckte der zugehängte Bauzaun nicht mehr vollständig das Flugobjekt, das Küchen- und Werkstattteam bauten. Man konnte eine silberne Spitze herausragen sehen. Sehr cool. Zugegebenermaßen hatten auch die anderen Stämme tolle Ideen gehabt. Tim stellte sich vor, was es wohl für ein Feuerwerk geben würde, wenn alle Flugobjekte gleichzeitig Richtung Universum fliegen könnten. Die Entscheidung für die Siegerrakete würde Galaxia sicherlich schwerfallen. Tja, und ob das Startermodul fertig wird? Viele Fragen.

Nun freute Tim sich aber erst mal, dass die Mittagspause heute ausfiel. Heute war ein Besuch im Freibad geplant. Doch es wurde auch Gewitter am späten Nachmittag angekündigt. Damit alle genug Zeit zum Planschen und Toben hatten, durften sie direkt nach dem Mittagessen los. Fröhlich singend machten sich die Stämme auf den Weg ins nahegelegene Freibad.

Das Schwimmbad glich einem Ameisenhaufen. Die anderen Badegäste aus dem Dorf stöhnten lachend auf und verzogen sich an den Rand des Geländes, als die zweihundert Kinder die Liegewiese eroberten. Jeder Stamm stellte seine Flagge auf. Gut so, denn in Badeklamotten waren sie alle gleich. So hatte jeder die Chance, sein Handtuch nach dem Baden wiederzufinden. Besonders gut für Tim, denn er hatte ein Ersatzhandtuch bekommen, nachdem seins von der Leine geweht worden und in einer Farbpfütze gelandet war!

Als er nach der ersten Runde im Schwimmbecken zurückkam, fragte er sich, ob es nun ein grünes Handtuch mit grauen Streifen war oder ein blaues mit schwarzen Punkten oder doch das einfarbige braune. Dann entdeckte er das glitzernde Einhorn-Handtuch des pummeligen Mädchens. Ach ja, die hatte sich links neben ihm niedergelassen. Dann konnte es nur das dunkelgrüne Handtuch mit den blauen Streifen sein. Er wollte sich gerade fallen lassen, da merkte er, dass es doch nicht seins war. Es lag ein Haargummi darauf. Hach, jetzt erinnerte er sich: ein graues Handtuch mit schwarzem Rand. Endlich. Er ließ sich auf den Bauch fallen. Abtrocknen musste er sich nach dem langen Suchen nicht mehr.

Tim ließ sich von der Sonne den Rücken wärmen. Eine Fliege summte um seine Nase. Er scheuchte sie weg. Etwas kribbelte an seinem Fuß. Sicher eine Ameise. Dann ein mega Gebrüll: „Burger!", schrie die vertraute Stimme von Paul. Tim hob erschrocken den Kopf. Zu spät. Eine Horde Walrösser wälzte sich auf seinen Rücken. Die Jungs aus seinem Stamm waren zurück und stapelten sich laut rufend mit ihren nassen Badehosen auf Tims Rücken. Er kannte den Ausspruch: „Da biste platt." Nun wusste er auch, wie sich das anfühlte. Ehrlich gesagt wäre er lieber die obere Hälfte des Burger-Brötchens gewesen und nicht die untere. Selbst Erik kam angeflitzt und legte sich als letzter quer über den Haufen Kinder. Dann purzelten sie alle lachend auseinander. Die Picknicktasche, die das Küchenteam jeder Gruppe mitgegeben hatte, wurde geplündert. Kalte Honigmelone, Waffeln und Fruchtgummis. Reste gab es keine. Schwimmen macht Appetit.

Der ganze Stamm saß genüsslich kauend auf den Handtüchern, als sie vom Schwimmbecken her aufgeregte Stimmen hörten. Alle reckten die Hälse, aber eine Hecke stand im Weg und sie konnten nichts sehen. Auch die anderen Gäste der Liegewiese hatten das ungewöhnliche Schreien gehört. „Da ist bestimmt etwas passiert!", rief Erik. Alle flitzten los in Richtung Schwimmerbecken. Dort hatte sich bereits eine große Menschenmenge versammelt. Leni zeigte auf den Sprungturm. Nicht zu fassen. Dort standen auf dem Drei-Meter-Brett Galaxia, der Captain, der Diener und ganz vorne an der Kante Dotti.com. Wie waren die nur unbemerkt dorthin gekommen?

Galaxia hob den Arm. Es wurde mucksmäuschenstill. Die Sonne verdunkelte sich. Eine große Gewitterwolke hatte sich davorgeschoben. Erstes Donnergrollen war in der Ferne zu hören. Galaxia begann zu sprechen. Augenblicklich bekam Tim eine Gänsehaut.

„Captain, lasst hören. Ist das Startermodul fertig?"

Der Captain senkte den Kopf: „Nein, meine Königin."

„Habe ich mich verhört? Hast du eben Nein gesagt?"

Der Captain sank auf die Knie: „Ja, meine Königin. Ich habe Nein gesagt."

Tim erwartete, dass die Königin ihn mit dem Schraubenschlüssel schlagen würde. Aber sie half dem Captain aufzustehen und stand nun Nase an Nase mit ihm.

„Soll das heißen, wir können heute Abend nicht mit der Siegerrakete starten, weil du nicht in der Lage bist, eine kleine Schraube zu besorgen?"

„Eine lebensentscheidende Schraube, meine Königin. Wir können sie unmöglich an uns nehmen, es sei denn ... aber nein, der Preis wäre zu hoch."

„Wie bitte, welcher Preis wäre zu hoch? Wir könnten alle Sollars Solariens dafür ausgeben."

Der Captain sagte kleinlaut: „Es würde jemanden das Leben kosten."

„Na und?", zischte die Königin, „wenn es um meine Wünsche geht, ist kein Preis zu hoch!"

„Aber bedenkt doch, der Funkspruch von gestern. Da stand, dass der Herrscher des Universums jemanden schicken würde, der uns den Weg zu ihm zeigt."

„Das mag ja sein, aber ohne Rakete können wir dann trotzdem nicht starten."

Der Diener mischte sich ein: „Meine Königin: Vertraut mir, ich ..."

Galaxia wirbelte zum Diener herum: „Du hast hier gar nichts zu melden. Halt die Klappe." Sie drohte ihm mit dem Schraubenschlüssel. Der Diener wich einen Schritt zurück und wurde gefährlich eng an das Geländer gedrückt.

Dotti.com schepperte: „Halt bloß den Mund, sonst ..."

Galaxia drehte sich langsam zu ihm um. Dotti.com klappte schnell das Visier runter und schwieg.

„Komm mal her, kleiner Dotti.com. Was sehe ich denn da?" Mit ihren himmelblau lackierten Fingernägeln zeigte sie direkt auf Dotti.coms Brustpanzer. Dann schaute sie zum Captain, der erschrocken die Augen aufriss. „Ist das vielleicht die benötigte Schraube, von der wir eben sprachen?", säuselte sie.

Der Captain stotterte etwas, als er antwortete: „Hm, äh ja, meine Königin. Ge ... genau so eine Schraube. Aber we ... wenn wir die bei Dotti.com entfernen, entlädt sich sein Akku. Er würde in alle Einzelteile zerfallen."

„Aber er ist ohnehin nur ein wandelndes Ersatzteillager! Wer braucht den schon?"

„Naja, also ..."

„Was bist du nur für ein Waschlappen?" Galaxia wirbelte herum und bohrte ihren langen Fingernagel in die Wange des Captains. „Ich befehle dir, Dotti.com die Schraube auszubauen! Sofort!"

Was der Captain antwortete, ging im Gejohle der Badegäste unter. Paul hatte laute Buh-Rufe angestimmt. Alle schrien, so laut sie konnten, einige pfiffen auf ihren Fingern, es war ein Riesenlärm. Doch Galaxia kümmerte sich nicht darum. Sie schrie dem Captain irgendetwas ins Gesicht und gab ihm einen Stoß, sodass er das Gleichgewicht verlor. Der Captain stürzte kopfüber ins Wasser. Der Bademeister zog ihn in seinem nassen Anzug über den Beckenrand. Tropfend und mit hochrotem Kopf suchte der Captain das Weite.

Alle Blicke richteten sich wieder auf den Sprungturm. Dotti.com klammerte sich ängstlich an das Seitengeländer. Die Königin holte einen kleinen Schraubenzieher aus ihrem Umhang und setzte ihn direkt auf Dotti.coms Brustpanzer: „Alles muss man selber machen!"

Der kleine Roboter wimmerte: „Bitte, bitte nicht kaputt machen! Bitte, lasst mich heil. Ich will auch immer artig sein!"

„Ich bin nicht der Weihnachtsmann", sagte Galaxia und setzte den Schraubendreher in den kleinen Kreuzschlitz der lebenswichtigen Schraube. Dotti.com wich noch einen Zentimeter zurück. Er stöhnte auf.

„Bitte, hilf mir jemand, bitte!"

Der Schraubenzieher rutschte ab und wurde erneut angesetzt.

„Das Ding ist aber auch klein!“, schimpfte Galaxia.

„Diener, bitte hilf du mir, wenn du kannst!“ Dotti.coms Stimme überschlug sich fast.

Der Diener trat einen Schritt auf die beiden zu: „Ich werde dir helfen, wenn du mir vertraust.“

„Klaro, geht in Ordnung, aber mach schnell.“

„Überlege es dir gut, denn dann würdest du zu mir gehören, nicht mehr zur Königin.“

„Alles, was du willst, aber mach was!“

Die Königin drehte die Schraube an Dottis Brustpanzer. Sie lachte auf: „Gleich bin ich am Ziel! Tschüss, du lächerlicher Blechhaufen. Schade, dass es mir so gar nicht leid um dich tut. Noch zwei Umdrehungen, dann habe ich, was ich will.“

Wusch. Mit einer blitzschnellen Bewegung hatte der Diener Galaxia das Werkzeug entwendet. Er riss sein Hemd auf und setzte den Schraubendreher an seine Brust. Er drehte eine kleine Schraube aus seiner eigenen Brust: „Damit du leben kannst, kleiner Dotti.com!“

Der Diener wurde kreidebleich. Er drückte der erstaunten Galaxia die winzige Schraube in die Hand. „Hier, meine Königin. Ich würde so gerne mehr für Euch tun.“

Zum Entsetzen aller taumelte er und fiel rückwärts in die Tiefe des Schwimmbeckens. Er tauchte lange nicht wieder auf. Einige Mitarbeiter sprangen ins Becken, um zu helfen. Doch als sie den nassen Körper herauszogen, bewegte er sich nicht mehr. Ein Krankenwagen wurde gerufen.

Galaxia stieß einen Siegesschrei aus. Sie streckte die geballte Faust mit der lebenswichtigen Schraube gen Himmel, der sich zugezogen hatte. Dann warf sie den Umhang ab. Darunter trug

sie einen glitzernden Badeanzug. Sie sprang mit einem Salto vom Sprungturm und landete mit einem sauberen Kopfsprung im Wasser. Dabei verlor sie ihre Perücke. Sie kraulte an den Beckenrand, wo die Menge ehrfürchtig zurückwich. Galaxia fand eine Lücke in der Hecke und war verschwunden. Die Perücke schwamm wie eine Riesenkrake auf dem Wasser. Mitarbeiter waren schnell den Sprungturm hochgeklettert. Sie beruhigten den völlig verschreckten Dotti.com und halfen ihm vorsichtig die steile Leiter herunter.

Da zuckte der erste Blitz und ein Platzregen setzte ein. Alle rafften schnell ihre Sachen zusammen und flohen in die Umkleidekabinen. Das Gewitter tobte kurz und heftig. Der Regen prasselte so laut, dass es unmöglich war, sich zu unterhalten. Blitz und Donner kamen Schlag auf Schlag. Gut, dass sie einen sicheren Unterstand hatten. Dann hörte der Regen von einem Augenblick auf den anderen auf, als ob jemand eine Dusche abgestellt hätte.

Sie warteten noch einen Moment ab, bis das Grollen des Donners sich verzogen hatte. Erik gab das Signal zum Aufbruch. Die Straße dampfte, große Pfützen hatten sich gebildet. Die Windböen hatten kleine Zweige, Blätter und reichlich Eicheln abgerissen. Die Tropfen, die noch fielen, kamen aus den Bäumen. Alle zogen sich die Handtücher über Kopf und Schulter. Sie hakten sich fest gegenseitig unter. So marschierten Kinder und Mitarbeiter in Sechserreihen, wie eine Ameisenkolonie. Sie begannen Lieder zu singen und die bedrückte Stimmung besserte sich. Das tat gut. Tim war froh, Freunde an seiner Seite zu haben.

Am Lagerplatz angekommen, sahen sie in der Ferne die Gewitterfront weiterziehen. Die Sonne strahlte schon wieder. Ein riesiger doppelter Regenbogen leuchtete am Himmel. Wunderschön! „Das ist ein Zeichen dafür, dass Gott seine Versprechen hält. Er ist immer bei uns“, wusste das pummelige Mädchen. Erleichtert stellten die Stämme fest, dass der Regen die Flugobjekte nicht kaputt gemacht hatte. Tims Gedanken waren noch oft beim Diener. Hoffentlich konnte ihm im Krankenhaus schnell geholfen werden. Als es zum Abendessen warm dampfenden Milchreis gab, fühlte er sich wieder gut

Kapitel 30

NUR EINER KANN GEWINNEN

Es wurde angesagt, dass die Abendveranstaltung in der Ufo-Arena stattfinden würde. Dort würde Königin Galaxia das Sieger-Flugobjekt bekannt geben. Während alle ihr Geschirr spülten, bemerkte Hans, dass heute ungewöhnlich viele Drohnen über dem Platz surrten. Sie umrundeten mehrmals die Stämme. Er wies seine Freunde möglichst unauffällig darauf hin. Paul zuckte nur mit den Schultern. Er suchte eine letzte saubere Stelle an seinem Geschirrhandtuch.

Leni kicherte: „Auf Pauls Handtuch kann man die Speisekarte der ganzen Woche sehen." Sie schnappte sich das fleckige Handtuch und legte es wie eine Detektivin vor sich: „Dort sehe ich Spinat vom Dienstag, da die Tomatensoße vom Sonntag, Schokopudding von gestern …"

Hans lachte: „Paul wollte wohl Wasser sparen, deshalb hat er seine Teller nur abgeleckt und dann abgetrocknet."

Das ließ sich Paul nicht bieten. Er klatschte mit der flachen Hand in seine Spülschüssel, dass es nur so spritzte. „Patsch", landete daraufhin ein nasser Spülschwamm in seinem Gesicht. Im Nu war eine wilde Wasserschlacht im Gange. Lappen und Schwämme waren die Wurfgeschosse, die Geschirrtücher wurden wie Lassos geschwungen. Die Becher eigneten sich gut als Wasserbomben. Wie fliegende Untertassen sausten einige Plastikteller durch die Luft.

Die aufgeschreckte Köchin schaute aus dem Küchenzelt, schüttelte aber nur lachend den Kopf und verschwand wieder. Tante Conny rief ihnen aus sicherer Entfernung zu, dass sie gut darauf achten sollten, alles einzusammeln. Schließlich gäbe es morgen Suppe, da wäre ein Teller hilfreich. Als das letzte Abwaschwasser verschüttet war, sammelten alle lachend ihr Geschirr wieder ein. Die Kinder pflückten die Grashalme herunter, die daran klebten, und die Becher wurden an den T-Shirts poliert. Alle hatten Riesenspaß gehabt. Nur das pummelige Mädchen weinte, weil bei ihrer Prinzessinnen-Tasse das Glitzerkrönchen abgegangen war.

Erik versperrte mit verschränkten Armen den Eingang des Stammes: „Hey, ihr Matschfuß-Solarier! Wir waren heute im Freibad, damit ihr mal richtig sauber seid! Habt ihr eine Mondstaub-Schlammschlacht gemacht? Ich gebe euch zehn Minuten!"

Er wedelte drohend mit den Armen und scheuchte alle an den Rand des Lagerplatzes. Dort hatte ein Bauer die Beregnungsanlage seines Feldes so gestellt, dass auch ein Teil der Sola-Wiese geduscht wurde. Mit großem „Juhu" hüpften alle nacheinander unter den künstlichen Platzregen. So gesäubert hängten sie anschließend brav die tropfnassen Sachen an die Leinen, die zwischen den Zelten gespannt waren. Diese bogen sich unter der Last.

Dann zogen alle ihre Solarier-Kostüme an und begaben sich beim großen Tröööt zur Ufo-Arena. Tim warf noch einen Blick auf die fertige Rakete. Erik hatte die Restarbeiten erledigt. Eine Lichterkette war bis zur Spitze hochgezogen. Im Dunkeln würde die ganze Rakete leuchten. Orangefarbene Neonröhren waren an den Triebwerken angebracht. Die goldene Folie, die aus den Triebwerken kam und auch die Bullaugen umrahmte, funkelte im Licht der untergehenden Sonne.

Die Hängebank auf der höchsten Ebene war mit goldenen Kissen gepolstert. Naja, eigentlich waren es Strohsäcke, die mit Folie verkleidet waren. Von hier aus würde die Königin perfekte Sicht auf den Sternenhimmel haben. Es war auch eine Kühltasche mit Eiswürfeln bereitgestellt. Beim Start konnte man mit einem Getränk auf den Sieg anstoßen. Es gab Saft. Natürlich in Stammesfarbe: Orange.

„Wir müssen einfach gewinnen!“, murmelte Tim immer wieder vor sich hin. Vielleicht sollte er mal dafür beten. Aber das taten die anderen Stämme sicher auch. Sie würden wohl abwarten müssen, wie Königin Galaxia sich entschied.

Dotti.com empfing die Stämme und zeigte ihnen ihre Plätze. Der Captain erschien mit einem goldenen Tablett. Unter der Glaskuppel, die darübergestülpt war, lag das heiß begehrte Startermodul. Ein Raunen ging durch die Menge. Eigentlich wollten sie klatschen und den Captain dafür feiern, dass er es tatsächlich geschafft hatte, das Teil fertig zu bauen. Doch der Captain sah blass aus. Er ließ Schultern und Kopf hängen. Seine Uniform hing an seinem Körper herunter. Sie war immer noch nicht ganz getrocknet. Er zuckte zusammen, als Galaxia erschien.

Diese nahm ihm das Tablett ab und schenkte ihm noch nicht einmal ein Lächeln dafür. Sie stellte das wertvolle Teil auf einen hohen Tisch und betrachtete es entzückt von allen Seiten. Sie streichelte die Glaskuppel zärtlich, dabei blitzten ihre himmelblau lackierten Fingernägel im Scheinwerferlicht.

Die Königin wollte Platz nehmen, doch es stand nichts bereit. Ärgerlich verzog sie das Gesicht. Zwei Mitarbeiter flitzten los, um den Thron zu holen. Dotti.com versuchte auf die Bühne zu kommen, aber er schaffte es nicht, die Stufen waren zu hoch.

Leni flüsterte: „Der Diener fehlt an allen Ecken und Enden.“

„Stimmt“, meinte Hans. „Es hat auch keiner die Sitze trockengewischt. Ich hab voll den nassen Hintern.“

„Meint ihr, der Diener ist im Krankenhaus?“ Tim war unwohl bei dem Gedanken.

„Ja, oder auf dem Friedhof", plapperte das pummelige Mädchen los und bekam einen Knuff von ihrer Nachbarin. „So was sagt man nicht!"

„Aber, wenn er Dotti.com doch seine lebenswichtige Schraube gegeben hat?", verteidigte sich das Mädchen. Erik wollte etwas sagen, kam aber nicht dazu.

Galaxia hob den Arm. Stille. Dann ein Surren. Alle blickten nach oben. Über ihnen schwebten mehrere Drohnen. Die Positionsleuchten waren in der Dämmerung gut zu erkennen. Sie landeten in einem Halbkreis vor dem Thron der Königin. Mit Ruckeln und Zischen wurde eine Leinwand aus dem Boden gefahren. Sie saßen wie in einem Kino.

„Solarier", schallte Galaxias Stimme über sie hinweg: „Ihr habt alle hart gearbeitet. Lasst uns nun sehen, was ihr geschaffen habt." Licht flackerte über die Leinwand. Dann machten alle große Augen: Die Drohnen hatten von allen Raumfahrzeugen Bilder gemacht. Sie waren in einem Film zusammengeschnitten. Fetzige Musik mit Bässen, die im Bauch kribbelten, machte aus allem eine riesige Show. Der Hintergrund war so bearbeitet, dass die Ufos und Raketen wirkten, als seien sie bereits in fernen Galaxien unterwegs.

Es war einfach genial! Ein Bauwerk toller als das andere. Es ertönten laute Aaahs und Ooohs – selbst für die Raketen der anderen Stämme. Tim musste zugeben, dass die fliegende Untertasse vom Stamm Gelb ihm noch besser gefiel als die Rakete seines eigenen Stammes. Als der Film zu Ende war, gab es großen Jubel. Galaxia lobte zunächst alle Ergebnisse. Dann sagte sie: „Nun seht ihr gleich das Siegerwerk!"

Verdutzt sahen sie sich an. Aber sie hatten doch schon alle Flugobjekte gesehen. Was sollte denn jetzt noch kommen? Tim durchfuhr es wie ein Blitz. „Die Rakete vom Küchen- und Werkstattteam", murmelte er. Was jetzt auf der Leinwand zu sehen war, begleitet von ohrenbetäubender Musik, toppte wirklich alles. Sie sah aus wie eine wirklich echte Rakete. Wie ein riesiger silberner Stift. Vorne voll verglast. Weiße Ledersessel auf der Kommandobrücke. Drei Triebwerke, aus denen superhelles Licht strahlte, das sich mit Nebel vermischte, als würde sie bereits starten. Allen stand der Mund offen.

Galaxia rief das Küchen- und Werkstattteam zu sich auf die Bühne. Die Köchin, Tante Conny, Frieder und alle Helfer. Donnernder Applaus brandete auf. Alle standen auf, um zu jubeln. Es dauerte eine Weile, bis die Königin den Arm hob und wieder Ruhe einkehrte. Sie übergab dem Captain das Tablett mit der Glaskuppel und befahl, das Startermodul einzubauen. Der Captain nickte und schlich mit dem Teil davon.

In diesem Moment wurde allen anderen klar, dass sie verloren hatten. Der Sieg ging an keinen der Stämme. Enttäuschung machte sich breit. Tim bekam nicht als Einziger feuchte Augen. Sie hatten sich so viel Mühe gegeben. Er bekam einen dicken Kloß im Hals. Doch Galaxia war noch nicht fertig:

„Als Dank für eure Mühe habe ich mir etwas überlegt."

Alle horchten auf. Dotti.com, der es mithilfe von Mitarbeitern nun endlich doch auf die Bühne geschafft hatte, brabbelte los: „Als Dank für eure Mühe! Ich höre wohl nicht recht! Galaxia hat sich noch nie bedankt." Peng. Das Geräusch vom Schraubenschlüssel, das folgte, wunderte keinen mehr.

„Solarier! Ich lade euch morgen zu einem großen Festmahl ein. Bedingung ist, dass ihr mir einen Beweis eurer Treue gebt." Dotti klappte das Visier hoch: „Na, was das wohl sein soll ... !"

„Ich erwarte, dass ihr euch als faire Verlierer erweist. Seid ihr dazu bereit?"

Die Zustimmung der Teilnehmer kam sehr zögerlich, aber schließlich nickten sie alle brav und stimmten noch einmal einen Applaus für das Siegerteam an. Begeisterung klang aber anders. Leni stand mit verschränkten Armen da. Sie schnaufte vor Wut.

Galaxia fuhr fort: „Als Beweis eurer Treue zu mir erwarte ich, dass ihr gleich eure Bauwerke wieder zerstört."

Tim ballte seine Fäuste in der Hosentasche. Warum widersprach denn keiner? Die Mitarbeiter begannen sich bereits zu verbeugen, um zu zeigen, dass sie einverstanden waren.

Ein Wutschrei durchbrach die bedrückende Stille. Leni schrie so laut, dass Tim zuerst glaubte, sie hätte ein Mikrofon. „Niemals!", brüllte Leni aus vollem Hals und stürmte nach vorne zur Bühne. Die anderen Kinder machten ihr überrascht Platz. Leni baute sich vor der Königin auf. Sie stemmte die Hände in die Hüften und machte sich so groß, wie es ging.

Galaxia, die bestimmt zwei Köpfe größer als Leni war, sah sie belustigt an. Es sah schon merkwürdig aus. Die wunderschöne Gestalt der Königin und dann das zornige Mädchen mit der Zahnspange in silbernen Stiefeln. Die Tannenbaumkugeln an ihrem silbernen Haarreifen wackelten hin und her. Das etwas zu große orangene T-Shirt war dreckig.

Galaxia erhob warnend den Schraubenschlüssel. Der Armreifen an ihrem Arm leuchtete in höchster Alarmstufe: grellgrün. Dotti.com versuchte Leni zurückzuhalten. Doch die schob den kleinen Roboter energisch zur Seite. Leni holte tief Luft:

„So, Frau Königin Galaxia, nun muss ich dir mal was sagen! Was du hier machst ist voll unfair. Ich weiß ja nicht, warum du so böse bist. Ich glaube, dein Netzwerkdingsda ist tatsächlich Schrott gegangen!" Die Königin war so verdutzt, dass sie den Arm sinken ließ.

Lenis Stimme überschlug sich fast: „Alle haben dir gehorcht! Wir haben wie verrückt gebaut. Das Küchenteam ist Sieger? Na toll! Da haben ja auch nur Erwachsene mitgebaut. Die haben Sachen benutzt, die es gar nicht im galaktischen Kaufhaus zu kaufen gab. Voll unfair! Aber das ist dir anscheinend egal. Jetzt sollen wir auch noch unsere Raketen zerstören? Ja geht's noch? Wenn wir die jetzt abbauen, können unsere Eltern die ja gar nicht mehr bewundern!"

Galaxia lächelte spöttisch: „Du kleine freche Göre! Was gehen mich deine Eltern an?"

Leni stampfte mit dem Fuß auf: „Meine Eltern haben mich lieb. Falls du weißt, was das ist. Das sind meine Lieblingsmenschen! Aber da hast du ja keine Ahnung von. Dich hat keiner lieb und das zu Recht!"

Zustimmendes Gemurmel wurde laut. Galaxia wurde stocksteif. Mit wackeliger Stimme sagte sie: „Doch! Ich werde mich mit dem anfreunden, der von sich sagt, ich bin das A und das O, der Anfang und das Ende, der da war, der da ist und der da kommt. Dem Herrscher der Welt!"

Leni schaute verständnislos: „Hä?"

„Ich werde ihm entgegenfliegen. Meine Schönheit, Stärke und Macht werden ihn beeindrucken! Er wird mich lieben müssen." Galaxia wurde lauter: „Und da werde ich mich nicht von so ein paar Solariern abhalten lassen. Wenn ich erst gestartet bin …"

Leni streckte trotzig ihre geballte Faust in die Luft. „Wir lassen dich nicht starten!", sagte sie entschlossen. „Wir werden dir die Macht nehmen. Wir werden unsere Raketen behalten. Deine Befehle befolgen wir nicht mehr!"

Die Königin sah sich suchend nach einem Mitarbeiter um: „Schafft mir dieses Kind von der Bühne! Alles hört auf mich!"

Ihr Wutanfall verklang in den Buhrufen der Kinder. Alle Solarier drängten entschlossen zur Bühne. Galaxia wich mit erhobenem Arm zurück. Die ersten Kinder riefen laut: „Weg mit der Königin! Auf sie mit Gebrüll!"

Ein funkelnder Silberregen blitzte am Abendhimmel. Genau über ihnen explodierte eine Silvesterrakete. Eine Stimme dröhnte aus den Lautsprecherboxen: „Keiner rührt die Königin an! Hinsetzen!"

Völlig überrumpelt gehorchten alle. Die Königin stand zitternd und keuchend auf der Bühne. Leni war hinter dem Thron in Deckung gegangen. Dotti.com zeigte aufgeregt zum Funkturm. Dort stand eine leuchtende Gestalt. In einem bläulich schimmernden Astronautenanzug kletterte sie bedächtig die Leiter herunter und ging direkt auf die Königin zu. Die Gestalt kam Tim irgendwie bekannt vor, aber durch das Visier des verspiegelten Helms konnte er kein Gesicht erkennen. Die Königin riss die Augen weit auf. „Bist du der Herrscher des Alls?" Sie fiel auf die Knie.

Der Astronaut schüttelte den Kopf: „Nein, das bin ich nicht. Ich bin sein Sohn. Mein Vater hat mich geschickt. Ich habe Euch etwas mitzuteilen."

„Kennen wir uns irgendwoher?" Die Königin sah fragend hoch.

Dotti.com kam zuerst darauf: „Hey klaro, die Stimme kenne ich! Du bist der Diener!" Er rollte mit einem Jubelschrei auf den Mann zu. Ein Lachen ertönte. Der Helm wurde abgenommen und das vertraute Gesicht des Dieners erschien. „Hoppla, mein Freund, nicht so stürmisch!"

Galaxia stand der Mund vor Staunen weit offen. Sie stammelte: „Du bist der Diener! Aber das ist unmöglich. Du hast dein Leben für Dotti.com eingesetzt. Du hast deine lebenswichtige Schraube hergegeben."

Der Diener legte den Helm beiseite. „Wie Ihr seht, bin ich wieder lebendig. Das ist auch gut so, denn nur durch mich könnt Ihr meinen Vater kennenlernen. Er liebt Euch über alles. Wenn Ihr zu mir gehören wollt und mir vertraut, bekommt Ihr ein neues Netzwerkmodul. Mit ihm werdet Ihr fähig sein zu lieben."

Galaxia riss kurzentschlossen ihren Armreifen vom Handgelenk und gab ihn dem Diener. „Ich vertraue dir mein Leben an." Leise flüsterte sie diesen Satz. Dann taumelte sie. Der Diener fing sie auf. Er holte einen neuen Armreifen aus seiner Tasche und legte ihn der Königin vorsichtig um.

So standen sie eine ganze Weile. In sanften Regenbogenfarben begann der Armreif zu leuchten. Galaxia lehnte ihren Kopf an die Schulter des Dieners und weinte. Wie funkelnde Diamanten kullerten die Tränen aus ihren Augen. Sie sagte nur einen Satz: „Es tut mir leid!"

Die Stämme waren stumm vor Staunen. Was geschah da auf der Bühne? Wieso setzte der Diener sich für die böse Herrscherin ein? Und wieso war er so verändert?

Der Diener setzte die Königin sanft auf den Thron. Dort kauerte sie wie ein Häufchen Elend. Zitternd, mit hängendem Kopf und verheulten Augen. Ihre stolze Frisur hatte sich aufgelöst.

Der Diener drehte sich zu den Kindern um. Er nahm sich viel Zeit, jeden einzelnen anzusehen. Dann bemerkte er Leni, die vorsichtig hinter dem Thron hervorkam. Er streckte ihr einladend die Hand entgegen, die sie vertrauensvoll ergriff. Beide setzten sich an den Bühnenrand.

„Du bist ein mutiges Mädchen", sagte der Diener. „Euch ist viel Unrecht geschehen. Du hast versucht, das Schlimmste zu verhindern. Aber sag, bist du bereit, der Königin zu verzeihen, wenn sie dich darum bittet?"

„Verzeihen?", Leni schaute ihn fragend an.

Der Diener sagte: „Die Königin gehört nun zu mir. Sie hat mir ihr Leben anvertraut. Ich habe ihr vergeben. Wirst du es auch tun?"

Leni schluckte und nickte zögernd. Der Diener drehte sich zu den anderen Teilnehmern um, die immer noch auf dem Boden hockten. „Und wie ist es mit euch?" Stille.

Galaxia erhob sich von ihrem Thron. Ihre Stimme zitterte, als sie zu reden begann: „Solarier. Bitte verzeiht mir. Ich war euch keine gute Königin. Das tut mir so leid. Eben habe ich zum ersten Mal erfahren, wie es ist, wenn einen jemand bedingungslos lieb hat. Das ist so großartig! Ich will ab jetzt dem Diener vertrauen."

Sie neigte den Kopf und fügte hinzu: „Wenn ihr mir weiter böse seid, kann ich das verstehen. Ich habe es nicht anders verdient."

Tim wurde warm im Bauch. Seine Wut auf die Königin war wie weggeblasen. Sie tat ihm nur noch leid. Er stand entschlossen auf und rief: „Entschuldigung angenommen!"

Nach und nach standen auch die anderen Kinder auf: „Entschuldigung angenommen!" Ein großes Stimmengewirr brach aus, das in großem Jubel und Applaus endete. Einige Kinder umarmten sich sogar vor Erleichterung.

Dann wurde es ernst. Die Köchin kam und ergriff das Mikrofon: „Schöne Grüße von der Lagerleitung. Es ist schon spät. In 30 Minuten ist Nachtruhe. Türkis hat heute Nachtwache."

Galaxia nahm ihr das Mikro ab: „Einen Satz noch: Solarier – ich danke euch sehr! Den Befehl, eure Raketen zu zerstören, nehme ich selbstverständlich zurück. Gute Nacht." Das zaghafte Lächeln in ihren Mundwinkeln breitete sich bald über ihr ganzes Gesicht aus.

„Gute Nacht!", riefen die zweihundert Solarier im Chor zurück. Fröhlich plaudernd beeilten sich alle, zügig in die Schlafsäcke zu kommen.

Am nächsten Morgen waren die Ereignisse vom Vorabend natürlich Gesprächsthema Nummer 1. Tim aß zum Frühstück genussvoll fünf Schokoladentoasts, ohne dass jemand schimpfte. Aber er freute sich schon ein bisschen auf ein Käsebrot bei Mama am Küchentisch. Selbst das Spülen machte Spaß, und er beschloss, das zu Hause auch mal auszuprobieren.

Mittags gab es die Reste der Woche in einem leckeren Eintopf.

Am Nachmittag nutzten alle noch einmal die tollen Freizeitaktionen. Das Wetter war super. Mit seinem Flitzebogen war Tim richtig treffsicher geworden. Er knackte noch einmal seinen

Rekord im Kistenstapeln und holte sich einen fetten Kratzer am Rücken auf der Wasserrutsche. Egal.

Abends schlüpften die Solarier ein letztes Mal in die ziemlich zerfledderten Kostüme. Tim trug seinen Umhang und seinen Glupschaugen-Helm voller Stolz. Er hatte beim Aufräumen sogar sein Schwert wiedergefunden. Eriks Toffifee-Panzer war richtig zerdellt. Er hatte sich zur Feier des Tages die Zöpfe im Bart neu geflochten.

Fackeln standen an den Eingängen und beleuchteten alles zum großen Abschluss-Festabend. Die Tische, auf denen sich das köstliche Essen stapelte, bogen sich unter der galaktischen Last. Das silberne Mondkalb war aufgebaut und alle konnten köstlich kalte Cola zapfen. Es gab Suppe mit Sternchennudeln. Ein riesiger Erdball aus Pappe war gespickt mit Käsespießen und Frikadellen. Außerdem gab es Fladenbrot in Mondform, Capri-„Sonne“, Mini-„Mars“-Riegel und zum Nachtisch eine lange Milchstraße voller köstlicher Milchshakes. Sie ließen das Küchenteam mit Applaus und einem minutenlangen „Trullala“ hochleben.

Auf der Bühne war der Tisch für den Diener, Galaxia, den Captain, Dotti.com und das Werkstattteam gedeckt. Die grünen Männchen hatten sich Schlitze in ihre Masken gemacht, um die Köstlichkeiten auch in den Mund bekommen zu können. Leni sollte als Ehrengast auch auf der Bühne sitzen, doch sie wollte lieber bei ihrem Stamm bleiben. An allen Tischen wurde fröhlich geplaudert und gefuttert. Von der Bühne her hörte man immer wieder Galaxias Lachen. Es klang anders als vorher. Laut, fröhlich und einfach wunderschön.

Als das Essen zu Ende war, richtete die Königin ein letztes Mal das Wort an die Solarier, die sich feierlich erhoben: „Liebe Solarier! Ich möchte mich heute Abend von euch verabschieden. Ich bin so froh, ein neues Netzwerkmodul zu haben! Danken möchte ich euch für eure Treue und für euer Verzeihen. Ich werde gleich nicht mit euch tanzen und den Abend am Lagerfeuer ausklingen lassen, weil es mir sehr ernst mit meiner Entschuldigung ist. Als Beweis dafür werde ich heute für euch alle das Geschirr spülen und auch die anderen Ämter übernehmen." Jubel brach aus.

Die anschließende Party wurde ein voller Erfolg. Ausgelassen wurde getanzt, gesungen und gespielt. Am Lagerfeuer wurden noch Geschichten erzählt und Marshmallows geröstet. Die Rakete, ihr gemeinsames Werk, strahlte in vollem Glanz. Als Tim kurz vor der Nachtruhe nochmal zu den Toiletten schlich, sah er, dass die Königin immer noch die Ärmel hochgekrempelt hatte und spülte. Sie hatte ein fröhliches Lied auf den Lippen und sah sehr glücklich aus.

Kapitel 31

Ende gut, alles gut?

Abreisetag. Heute fiel es allen schwer, aus den Schlafsäcken zu krabbeln. Leichter Nieselregen, der sich erst nach dem Frühstück verzog, passte zur Abschiedsstimmung. Die Taschen waren schnell gepackt. Es waren sowieso alle Klamotten dreckig. Eifrig wurden Adressen ausgetauscht. Auf den T-Shirts wurden Unterschriften gesammelt.

Tim war gestern Abend klar geworden, dass er noch etwas mit Leni zu klären hatte. Die war aber ständig mit ihren Mädels zusammen, sodass es ihm erst kurz vorm Mittagessen gelang, sie alleine zu erwischen.

„Na Kumpel, was ist so wichtig?", neckte Leni. „Möchtest du dir mal meinen silbernen Haarreifen ausleihen?"

Doch dann merkte sie, dass Tim ein ernstes Anliegen hatte. Er druckste ein bisschen herum:

„Weißt du Leni, da war doch dieses Zwei-Euro-Stück, das du vermisst hast."

Leni rollte mit den Augen: „Bitte erinnere mich bloß nicht daran, macht mich noch heute sauer, dass …"

Tim unterbrach sie: „Ich habe genau an diesem Morgen ein Zwei-Euro-Stück im Matsch gefunden. Es könnte sein, dass es dir aus der Tasche gerutscht ist. Weißt du, als du im Regen an mir vorbeigeflitzt bist."

„Nö, weiß ich nicht mehr!" Leni legte den Kopf schief.

Tim sprach schnell weiter: „Ich hatte das Geld schon ausgegeben, als ich mitgekriegt habe, dass deins nicht mehr da ist. Dann habe ich mich nicht getraut, es zu sagen. Ich hatte Angst, dass du denkst, ich hätte dich beklaut."

Leni begriff. Sie schaute Tim lange an, dann schnaufte sie: „Na, tolle Wurst. Jetzt hat meine Freundin die ganze Wut abbekommen, dabei war sie es gar nicht!"

„Entschuldigung!", murmelte Tim.

Leni seufzte: „Angenommen. Vielleicht solltest du dich auch bei meiner Freundin entschuldigen und ich mich am besten gleich mit."

„Heißt das, ich bin weiter dein Freund?", fragte Tim vorsichtig.

„Na, nun mal nicht übertreiben", meinte Leni ernst. Dann gab sie dem völlig überrumpelten Tim einen fetten Schmatz auf die Wange und sagte feierlich: „Freund nicht, aber Lieblingskumpel!"

Lachend liefen beide zu Lenis Freundin und brachten die Sache auch dort in Ordnung. Mann, fühlte sich das gut an!

„Tröööt!" – In 20 Minuten Treffen im großen Zelt!

Tim wurde langsam kribbelig. Sein Papa wollte ihn abholen und pünktlich zur Abschlussveranstaltung im großen Zelt da sein. Doch es sprach sich herum, dass es überall Staus auf der Autobahn gäbe.

Tims Gepäck stand schon bereit. Bei den Fundsachen hatte er tatsächlich seine Lieblingsjeans wiedergefunden. Die vielen Socken, die dort angeboten wurden, sahen irgendwie alle gleich aus. Egal, Socken waren nicht so wichtig. Tim entdeckte noch ein cooles Cap. Da es aber leider nicht seins war, ließ er es liegen.

Tante Conny winkte ihm quer über den Platz zu. Auch sie hatte schon gepackt.

Tim kletterte noch einmal auf den Funkturm. Dort hatte man einen guten Überblick, außerdem die Gelegenheit, ein letztes Mal den Lagerplatz von oben anzusehen. Der Parkplatz auf der Wiese füllte sich nach und nach mit Autos der Eltern. Beim Küchenzelt wurden schon die Vorräte für die nächste Woche geliefert. Die Köchin schleppte eifrig Kisten hin und her. Eine tiefe Matschfurche verlängerte die Wasserrutsche. Die wunderschönen Raketen und Ufos der Stämme ragten in den Himmel. Weiter hinten war das Gras von den Tobe-Spielen plattgetreten. Eine liegengebliebene Schwimmnudel lag wie ein fetter Wurm bei den Waschrinnen. Ein Mitarbeiter fischte Blätter aus dem Pool.

Jemand tippte auf Tims Schulter. Er drehte sich um. Ein junger Mann hatte sich zu ihm gestellt. Er trug ein schwarzes Cap, hatte ein graues T-Shirt und eine alte abgeschnittene Jeans an. Es war der Diener. Tim hätte ihn fast nicht erkannt. Um etwas zu sagen, fragte er: „War es für dich auch eine besondere Woche?"

Der Diener nickte: „Ja, war mega cool."

Tim räusperte sich: „Ich halte nach Papa Ausschau. Aber der steht vielleicht im Stau."

„Wenn er kommt, würde ich ihn gerne kennenlernen", meinte der Diener. „Ich habe dich beim Tauchen nach den Schrauben im Pool gesehen. Du warst der Beste! Wenn der Sohn so klasse ist, wie genial wird dann wohl der Papa sein."

Tim grinste stolz, überlegte kurz, dann sagte er: „Den Papa von dir, äh, also vom Diener, den würde ich auch gerne kennenlernen."

Der junge Mann strahlte: „Den Herrscher des Universums, oder kurz: deinen Papa im Himmel würde es sehr freuen!"

Der Diener zog zum Schutz vor der Sonne, die durch die Wolken kam, das Cap etwas tiefer ins Gesicht: „Schau mal, wer da unten wie verrückt winkt!"

Tim genügte ein kurzer Blick. „Papa!", jubelte er und fiel vor Begeisterung beim Hinabklettern fast die steile Leiter hinunter. Er rannte quer über den Platz und flog seinem Vater in die ausgebreiteten Arme. „Ich habe dir so viel zu erzählen!"

Papa zerquetschte Tim fast mit seiner Umarmung. Fühlte sich super an! „Manno, habe ich mich auf dich gefreut!"

„Komm schnell ins Zelt, die Abschlussveranstaltung beginnt gleich." Hand in Hand rannten sie los.

Das erste Lied wurde schon geschmettert. „Nächstes Jahr muss ich wieder zum Sola!", rief Tim noch seinem Papa zu. Dann winkte er kurz und quetschte sich zwischen Hans und Paul auf die gefährlich schwankende Bank.

Ein letztes Mal den Schlachtruf, dann war er für den Rest des Tages heiser und glücklich.

Der Abschied von den orangenen Stammeskameraden war tränenreich. Tim würde sie vermissen.

Kaum saßen Papa und Tim im Auto, als dieses schon nach Gras, feuchten Klamotten und Lagerfeuer duftete. Papas neugierige Fragen blieben zunächst unbeantwortet. Er musste noch ein paar Stunden warten, bis er von all den Abenteuern erfuhr.

Warum? Tim war schon eingeschlafen, bevor sie auf die Autobahn fuhren. In seinen Träumen war er schon wieder unterwegs zu fernen Galaxien.

CONNY RUß

ist Jahrgang 1965, Musikpädagogin, Waldkindergarten-Erzieherin, Clown, Autorin von Theaterszenen, Kindermusicals und Geschichten.

Nach einigen Jahren Leitung kreativer Kinder- und Jugendprogramm-Gestaltung in der christlichen Ferienanlage *Résidence Pinéa* auf Korsika lebt sie in der Region Hannover.

Ein besonderes Anliegen ist es ihr, Kindern einen unbeschwerten Zugang zum christlichen Glauben zu ermöglichen – z. B. mit fröhlich-spannenden und frechen Texten. „Ferien in fernen Galaxien", ihr erstes Buch, ist eine Hommage an die großartige deutschlandweite Zeltlager-Arbeit des *SOLA-Netzwerkes*, in der ihre Kinder zum Glauben gefunden haben und die sie immer wieder selbst als Mutter und Mitarbeiterin erleben und mitgestalten durfte.

JOY KATZMARZIK

ist Jahrgang 1988, Gymnasiallehrerin und hat in der Amerikanistik u. a. über *Calvin and Hobbes* promoviert.

Seit 2011 arbeitet sie selbstständig als Illustratorin. Neben ihrer Tätigkeit als Kinderbuch-Illustratorin arbeitet sie auch im Bereich Sketchnotes und Visual Recording und bietet dazu Workshops an. Weitere Informationen gibt es unter www.leap4joy.de.

Und was ist mit dir?

Wenn du Lust bekommen hast auf ein Ferienlager mit viel Action, Abenteuer, Spaß, Lagerfeuer und (neuen) Freunden, dann schau dich mal um, wo in deiner Nähe ein Zeltlager oder eine Freizeit einer Gemeinde oder eines anderen christlichen Werkes stattfindet.

Jede Menge enagiert vorbereitete Sommerlager in ganz Deutschland findest du über das SOLA-Netzwerk unter

www.wiedenest.de/solanetzwerk